英国を知る

道重 一郎
　　編著

同学社

はじめに

　2016年6月23日の国民投票で英国がヨーロッパ連合（EU）から離脱することになった。経済的な観点からすれば本書第9章の通り得策ではないはずであるが，EU域内の移民やEU規制などの問題が影響した結果といえそうである。移民の問題は第8章で異なった角度から取り上げているが，EUからの離脱は現代英国が直面している課題が決して単純ではないことを示している。その一方で，この出来事は世界的にも大きなショックを与え，英国のもつ影響力の大きさを表してもいる。

　英国は，地理的にはヨーロッパとアメリカとの中間に位置し，特有な歴史的発展のなかで独自の政治的，文化的，経済的な特質を育んできており，これまでも世界に与えた影響は少なくない。本書はこうした英国の特質を歴史的な観点から検討した「英国を知る」ための1冊である。しかし，本書は英国の歴史全体を取り扱った概説書ではない。むしろいくつかの特定の視点から英国の特質を課題として取り上げ，全体として英国のもつユニークな姿を浮かび上がらせようとしている。

　英国の影響力が最も大きかった時代は，19世紀のヴィクトリア朝時代である。工業化社会を初めて創り上げ世界の工場となった英国は，大英帝国を形成して世界に君臨し，インド，アフリカ，カリブ海などで植民地支配を強化し，カナダ，オーストラリアなどにも入植地を建設していった。そのほか中南米など間接的な政治・経済的影響を受けた国々も少なくない。その一方，英国本国においては，ディケンズが『オリバー・ツイスト』を著し，コナン・ドイルがシャーロック・ホームズを生み出した時代であり，大量の労働者の出現とともに工業化の光と影が交錯し，貧困と犯罪もこの時代のもう一つの顔であった。

　しかし，本書はこの最盛期とも考えられる19世紀ヴィクトリア朝英国を扱ってはいない。むしろこの時代の前に英国の発展がどのようにして始まり，その独特の性格がどのようにして形成されたのか。またこの時代の後，ことに第二次世界大戦後，世界に対する影響力が低下するなかで，英国は福祉国家や多文化社会の発展に対応し，どのように変貌を遂げたのか，が中心的な課題となっている。英国について関心をすでにもっている人にも，初めて英国を知ろうと考えている人にとっても，これまでとは違った視点から「英国を見る」ことができる構成になっているはずである。

本書では様々な読者を想定して，英国史に関する概説を冒頭においてこの国が歩んだ道筋の全体像を見通せるようにした。その後の論説は，第2章から第6章までが英国の独自性が形成される17世紀から19世紀初頭までの時期に関して，他者を見る目，女性の意識などの問題を取り扱い，その後の第7章から第9章では第2次世界大戦後，英国がどのように新しい情勢に対応していったか，そしてこの国に移民してきた人たちが新しい環境にどのように適応していったのかが論じられている。また，各章の後には，すべてではないが，英国事情に関するコラム欄を設けた。この欄が，読者に本論では扱われていない英国の別のテーマ（トピック）への導入として役立ってくれることを願っている。

　本書に収録された各論文は英国の事情，歴史や経済，文学に関するそれぞれの分野の専門家が最新の研究成果を提供するものであり，その意味では決して分かりやすい概説的な内容ではない。しかし同時に本書では現代の英国には多様な側面があり，それが長い歴史的な伝統のなかで形成されてきたものであることを，特に若い読者に理解してもらいたいと考えている。

　　2016年6月

執筆者を代表して　道重　一郎

英国史略年表

	主要な国王（在位）	主な出来事
BC 2400 年頃		ストーンヘンジの建設
BC 55 年		カエサルのブリタニア侵攻
1 世紀頃		ブリタニアがローマの属州になる
409 年		ローマ人がブリタニアを去る
1066 年	ウィリアム 1 世 (1066〜87)	ヘイスティングの戦い（ノルマン朝の成立）
1154 年	ヘンリ 2 世 (1154〜89)	プランタジェネット朝の成立
1215 年	ジョン (1199〜1216)	マグナ・カルタ (大憲章) 制定
1284 年	エドワード 1 世 (1272〜1307)	ウェールズ併合
1338 年	エドワード 3 世 (1327〜1377)	英仏百年戦争開始（〜1453 年）
1455 年	ヘンリ 6 世 (1422〜61)	バラ戦争開始（〜1485 年）
1488 年	ヘンリ 7 世 (1485〜1509)	ボズワースの戦い（テューダー朝の成立）
1534 年	ヘンリ 8 世 (1509〜47)	首長令（イングランド国教会成立）
1588 年	エリザベス 1 世 (1558〜1603)	スペイン艦隊を破る（アルマダ海戦）
		この時期 W. シェイクスピアなどが活躍
1603 年	ジェームズ 1 世 (1603〜25)	スコットランド王国との同君連合（ステュアート朝成立）
1628 年	チャールズ 1 世 (1625〜49)	権利の請願
1642 年		ピューリタン革命勃発
1649 年		チャールズ 1 世処刑，共和制へ
1653 年	クロンウェル (1653〜58)	護国卿政権成立
1660 年	チャールズ 2 世 (1660〜85)	王政復古
1688 年	ジェームズ 2 世 (1685〜88)	名誉革命
1689 年	メアリ 2 世 (1689〜94)	権利の章典
	ウィリアム 3 世 (1689〜1702)	(メアリ 2 世とウィリアム 3 世による共同統治)
1690 年		ボイン川の戦い。ウィリアム 3 世，アイルランド反乱を鎮圧
1707 年	アン (1702〜14)	スコットランド王国合邦，ブリテン連合王国成立
1714 年	ジョージ 1 世 (1714〜27)	ハノーヴァー朝成立（ハノーファー公国との同君連合）
1715 年		ウォールポール政権（〜42 年，責任内閣制の始まり）
1776 年	ジョージ 3 世 (1760〜1820)	アメリカ独立宣言
		この時期，産業革命が展開
1801 年		アイルランド王国合同，同王国を含む連合王国成立
1851 年	ヴィクトリア (1837〜1901)	第 1 回万国博覧会
1877 年		インド帝国成立，ヴィクトリア女王がインド女皇
1914 年	ジョージ 5 世 (1910〜38)	第一次世界大戦勃発（〜18 年）
1922 年		アイルランド自由国成立
1939 年	ジョージ 6 世 (1936〜52)	第二次世界大戦勃発（〜45 年）
1945 年		アトリー政権成立，労働党が議会の単独過半数政権
1948 年		エンパイア・ウィンドラッシュ号，英国へ到着
1959 年	エリザベス 2 世 (1952〜)	EFTA (欧州自由貿易連合) 成立
1972 年		EC (欧州共同体) へ参加

英国略地図

目　次

はじめに
英国史略年表
英国略地図

第1章　**英国を知るために**　── 英国の歴史と本書の構成 ──
　　　　　………………………………………………… 道重　一郎　　1
　　　［コラム　イギリスの王室と結婚］

第2章　**アイルランド陰謀事件と革命の記憶**　── ステュアート朝
　　　三王国と「復古危機」── ……………………… 後藤　はる美　13
　　　［コラム　シェイクスピア］

第3章　**18世紀における意識の転換**　── ポープと
　　　モンタギュ夫人再考 ── ………………………… 近藤　裕子　35
　　　［コラム　イギリス風景式庭園］

第4章　**18世紀イギリス社会における消費批判とジェンダー**
　　　── 反フランス感情の背景 ── ………………… 道重　一郎　47
　　　［コラム　テムズ川とロンドンの橋］

第5章　**誓いの後で**　── 18世紀の結婚詐称訴訟における
　　　「個人の選択」と「名誉」── ………………… 赤松　淳子　63

第6章　**ヒュームとハイエク**　──「神」なき世界におけるルール
　　　の確立を目指して ── …………………………… 太子堂　正称　77
　　　［コラム　パブ、ビール、ウィスキー］

第7章　**第二次世界大戦後の労働者階級文化と
　　　そのイデオロギー** ………………………………… 近藤　康裕　91
　　　［コラム　小説(ノヴェル)と近代］

第8章　**戦後レスターの多民族統合とアフリカン・カリビアン**
　　　── エルヴィの「語り」から見えてくる世界 ──
　　　………………………………………………… 佐藤　清隆　105

第9章　**イギリス経済とEU**………………………… 川野　祐司　119
　　　［コラム　イギリスの通貨］

あとがき ……………………………………………………………　133
執筆者紹介 …………………………………………………………　135

第1章　英国を知るために
―英国の歴史と本書の構成―

道重　一郎

1　はじめに

　英国は，若い人にとって良く知られるヴィヴィアン・ウェストウッドやキャスキッドソンといったブランドの母国なのだが，この国それ自体は今日それほどなじみのある国とは言えないようである。2015年にはラグビーのワールドカップが英国で開催され日本も活躍したので，ラグビー発祥の地として少しは認知されてきたかもしれない。しかし，150年ほど前，日本が欧米諸国との交際を拡大し近代化と工業化の道を歩み始めた時代，英国の存在はきわめて大きかった。幕末の日本が送り出した留学生は150人以上に上るが，その3割は英国への留学であり，数の上では第1位である（近藤和彦1991）。攘夷運動の盛んであった長州藩からも伊藤博文はじめ5人がロンドンのユニバーシティ・カレッジに留学し，その構内には顕彰碑が建てられている。パックス・ブリタニカ（英国の平和）という語があるほどに19世紀は英国の時代であり，その経済力と軍事力に支えられた英国の影響力は大きく，近代化・工業化に邁進しようとする日本にとって，英国は仰ぎ見るべきモデルであった。

　第2次世界大戦後になると，とりわけアメリカの影響が強くなり英国は影が薄くなる。アメリカによる占領期そして高度経済成長期にあって，大衆消費社会のモデルはアメリカへと変化した。1951年にパナソニックの創業者である松下幸之助はアメリカを訪問し，その豊かさに感動したとされている。日本の経営者の多くがこうしたアメリカ体験を通じて，戦後の日本経済の再建に努めたのである（佐々木聡2001）。

　アメリカへの関心が高まった分だけ英国が現代の日本人にとって，なじみが少なくなったことも不思議ではない。しかし，現代の日本おいても英国を学ぶことが無意味となっているわけではない。ユーラシア大陸の東と西にある島国として，大陸から大きな影響を受けながら，また大陸とは異なった文化を育んできたこの二つの国には似通った部分もあるが，その歩んだ道には大きな相違がある。いち早く成熟した市民社会を形成したこの国は，かつての経済力を失うとともに，近年では多様な宗教，人種が増え多文化社会へと移行するなど新たな姿を見せ始めており，日本人が学ぶものも多い。

本書は，英国の社会について歴史，文学，経済など様々な観点から検討することを通じて，英国のもつ多様性と特質を明らかにしていくことを目指している。冒頭の第1章では，まず英国の成り立ちについて概観し，その後に続く各章への足がかりを提供することにしたい[1]。

2　英国の成り立ち

　日本人が普通英国として考えている国は，正式に言えば連合王国 United Kingdom である。地理的にはヨーロッパ大陸の西側に位置するブリテン諸島 British Isles とよばれる島々のうち，大ブリテン島とアイルランド島北部，およびジャージー諸島，ヘブリデス諸島，マン島などその他の島々から構成されている。この中で最も大きい大ブリテン島には，もともとイングランドとスコットランドという二つの王国が存在し，これにウェールズ地方が加わる。両王国が合邦して連合王国になったのが1707年，連合王国にアイルランドが正式に加わったのは1801年であるが，さらにこの地域の南部が独立してアイルランド自由国となり北部のアルスター地方が残って現在の形になったのは1922年で，この国が現在の形で成立したのはそれほど古いことではない[2]。

　最初に大ブリテン島に定住したのは，ソールズベリ近くのストーンヘンジで有名な巨石文化を遺した人々であると思われるが，彼らのことは現在でも詳しくは分かっていない。その後ケルト系の人々が定住したが，大ブリテン島の南半分をしめるイングランドは1世紀にローマ帝国の支配下に入り，世界遺産にもなっているハドリアヌスの長城とよばれるあたりまでがローマの支配地域であった。これより北にはローマの支配は及ばず別の道を歩む。イングランドとスコットランドとの実際の国境はさらに北にあるが，おおよそ二つの地域の区別がこうして形成された。

　ハドリアヌスの長城より南の大ブリテン島南部へは，その後もさまざまな民族が来住している。5世紀初めにローマ人が去ったのちゲルマン系の諸民族が次々と来住し，しだいに一定のまとまりをもったイングランド王国が姿を現す（指博昭1999）。しかし，11世紀になるとフランスのノルマンディー公ギョームがイングランドを征服して，ウィリアム1世 William I として即位し，この地域はノルマン人の支配下に入る。ウィリアムを含めて，フランスとイングランドの双方に所領をもつ多くの封建貴族がイングランドにやって来たのであり，フランス語は支配者層の言葉でもあった。その意味で，イングランドの支配者はフランス的な要素を色濃く残していた。ことにヘンリ2世 Henry II はフランスのノルマンディー公，アンジュー伯などを兼ね，英仏にまたがる広大な所領を支配していた（富沢霊岸1988）。

しかし，13世紀初めジョン王Johnの時代には大陸の所領の多くを失い，失地回復を目指すための軍事費増徴へ反発する諸侯から，王は封建的諸権利の尊重を定めた大憲章（Magna Carta; 1215年）の調印を迫られることになった。この文書は民主主義的原則を示すものとは言えないが，制限王政と呼ばれる国制の原形を示すものとして重要である（近藤和彦 2013）。息子のヘンリ3世 Henry IIIの時代にも諸侯の反乱が続き，そうしたなかで庶民院の原形が形成されるのもこの頃であるといわれる。だが，彼の孫，エドワード1世 Edward Iの時代になると王権が強化され，ウェールズを征服し，スコットランドを従属させることになる。

14世紀に入って，フランスのカペー朝が断絶した後，エドワード3世 Edward IIIはフランスにあった所領を回復し，さらにフランス王位を要求し，百年戦争（1338～1453）へとつながっていった。最終的にイングランドはこの戦争に敗れフランスにあった所領の大部分も失うことになるが，イングランド王は，実質はともかくフランス王位をそのタイトルとして1801年にいたるまで保持しており，フランスとのつながりはかなりのちの時代まで意識されていた。

百年戦争後，イングランドという国のまとまりが次第に強まるが，15世紀の終わり王位継承をめぐるバラ戦争が終結し，テューダー朝が始まったことはイングランドの中世から近世への移行を象徴している。本書の各章が対象とするのは，主にこの時期以降である。

ヘンリ8世 Henry VIIIの時代となると旧来の封建領主の力は弱まり，ジェントリとよばれる地主階層や中堅の農民層が実力を蓄えるようになり，国王の権力を支える一方で王権が強化されていく。この時代，ヨーロッパ大陸では宗教改革が始まっていたが，ヘンリ8世は男子の王位継承者を求めて王妃との離婚問題を引き起こし，この過程で英国はローマカトリック教会と断絶する。彼は王権を超える権力を認めず，自らを頂点とする独自の国教会体制を作り上げプロテスタント国家英国への道を開いた国王でもあった（浜林正夫 1987）。

その後，英国はプロテスタント化が進行する。英国としてのアイデンティティはプロテスタント国家として形成されたとする考えもある（コリー，2000年）。しかしその道は決して平坦なものではなかった。ヘンリ8世の娘メアリ1世 Mary Iの時代には一時カトリックへ逆戻りもする。その妹エリザベス1世 Elizabeth Iの時代になるとプロテスタント化は確固なものになるが，彼女はカトリックの強国スペインと深刻な敵対関係に陥り，アルマダ戦争に勝利することでなんとか切り抜けることができた。しかし，17世紀には宗教的な対立の火種はなお残ったままであった。

一方，エリザベス1世時代の劇作家で詩人のシェイクスピア William

Shakespeare（1564–1616）が書いた戯曲『マクベス』の舞台にもなった北方のスコットランドは，13世紀にイングランドに従属した時期もあったが，14世紀には王国としての姿をはっきりさせるようになる。しかし，イングランドとの関係は複雑である。ヘンリ8世の姉がスコットランド国王ジェームズ4世James IV（在位1513–42）に嫁いでおり，未婚のまま世を去ったエリザベス1世の後のイングランド王位を継いだのはスコットランドのジェームズ6世であり，彼はイングランド王ジェームズ1世（James I）として即位する。この結果，同君連合としてイングランドとスコットランドは同一の国王のもとに統治されることになった。

しかし17世紀に入ると，プロテスタントのなかでも急進的なピューリタンの勢力が拡大したスコットランド，国教会とピューリタンが対立したイングランド，そしてイングランドに政治的には従属しながらも，独自の特徴を持ちカトリック勢力の強かったアイルランドを巻き込みながら，英国は宗教的な対立が激しくなった。ジェームズ1世の息子，チャールズ1世Charles Iはピューリタン勢力の拡大した議会と対立し，この対立は内乱へと発展した。現在では三王国戦争とも呼ばれる，いわゆる「ピューリタン革命」である。この戦いに敗れたチャールズ1世は処刑され，英国は短い共和制の時代を迎える（岩井淳，2012年）。17世紀中葉から後半の英国は，1649年以後の共和制から1660年の王政復古を経て1688年のいわゆる「名誉革命」にいたる，動揺の時代でもあった。

しかし，17世紀における宗教的混乱を英国は「名誉革命」によっていち早く克服したと考えられる。たしかに反カトリック的な要素が強いアイルランドへの支配強化は，対立の構図が後遺症として20世紀まで残ることになったが，18世紀には過激な宗教的な対立は全体として次第に弱まっていった。まず非国教徒プロテスタントは宗教的に激しい迫害を受けることが17世紀末以降にはまれになり，他方，大貴族のなかにもカトリックの信仰を暗黙のまま維持するものも存在した。こうした宗教的な寛容はフランスとは対照的である。1685年の「ナントの王令」廃止によるフランスのプロテスタント（ユグノー）迫害は，多くユグノーを英国に呼び寄せることになった。多様性のなかの共存という英国社会の一つの特徴が，完全ではないにしても次第にこの時期には姿を現してきたといって良いだろう。

18世紀に入ると，ジャコバイトによる二回の反乱（1715年，45年）など一時的な混乱はあるものの，英国は政治的な安定を迎える。議会中心の政治形態がいち早く確立し，都市的な生活が拡大するなかで洗練された消費文化が中流層を中心に着実に成長していった（中野他編2012）。同時に，「財政・軍事国家」

の形成によってフランスとの植民地獲得競争を勝ち抜いて，インド，北米あるいはオーストラリアなど太平洋の植民地に確固たる地歩を築いた（ブリュア，2003年）。アメリカ独立戦争によって北米植民地の一部を失うことになったが，この世紀後半にはいわゆる「産業革命」が起こり，英国は工業化の先進国として，19世紀には世界の工場の地位を確保することになる。

近年の研究では産業革命期のイメージが大きく変化し，劇的な経済成長は存在しなかったと考えられるようになった（道重一郎 1993）。しかし，綿紡績業の発展や蒸気機関の応用による英国の経済的発展は，19世紀英国が世界的な帝国を形成する上で重要な役割を果たしていたことは疑いない。その一方で，工業品輸出だけでは膨大な原材料や食料の輸入をまかなうことはできず，貿易収支は赤字となったが，保険，運輸などのサービス輸出はこれを補って余りあり，その経済的剰余は資本輸出として世界へと流出した。英国は自由貿易を基調として，世界金融の中心へと変貌を遂げたのである。また，英国は北米植民地喪失以後も，自由貿易を一方で標榜しながら植民地を拡大していった。いわゆる自由貿易帝国主義である。この結果，19世紀半ばのビクトリア女王Victoriaの時代は，インド，北米，太平洋と膨大な海外植民地を有する大英帝国（British Empire）が形成され，英国は最盛期を迎えた。

18世紀の社会的経済的発展は，社会思想の面においても反映している。スコットランドはこの時期イングランドとの一体化が進むが，D. ヒューム David Hume (1711–76) や A. スミス Adam Smith (1723–90) などスコットランド啓蒙と呼ばれる一群の思想家が生まれた。英国には17世紀以来，T. ホッブス Thomas Hobbes (1588–1679) や J. ロック John Locke (1632–1704) に見られるように，社会を合理的に解明しようとする思想の伝統があった。ヒュームやスミスはこうした伝統を継承し，英国社会の発展を前提にして，人間社会の仕組みを科学的に解明する社会科学の方法を発展させていった。近代的な経済学の祖ともいわれる A. スミスは製造業の発展に経済成長の姿を見出しており，こうした理解はマルクスにも受け継がれていく。しかし今日では，18世紀以来の英国の経済的中心はむしろロンドンの金融街シティの金融業者や地主にあったとする「ジェントルマン資本主義」も有力である（平田雅博 2000）。

英国は20世紀に入って二つの大きな戦争を経験した。最初の第一次世界大戦（1914～18）では勝利したが，膨大な戦費を費やし多くの人材を失い，得られた成果は乏しいものであった。英国の経済的後退は，この戦争の後になるとはっきりしてくる。新たに登場した自動車や化学，電機産業など，新産業での技術的競争力は米・独に及ばず，経済的な停滞は深刻な失業を生み出した。一方，広汎な労働運動の展開の結果として労働者階級の政党，労働党が誕生した。

さらに1918年における選挙権拡大は労働者や女性の政治的発言権を一層大きなものにし，労働党を中心とする政権の樹立につながった。この間，女性への参政権も拡大し1929年には男女の完全な普通選挙が実現している（クラーク，2004年）。こうしたなかで，英国は福祉政策を推進していくことになった。

　1939年から始まる第二次世界大戦（〜1945）でも英国は勝利するが，膨大な戦費と空襲などによる被害は決して小さくなかった。それでも英国はこの時期に福祉国家としての道をはっきりと歩み始める。20世紀初めから英国は無拠出年金や健康保険制度などを少しずつ実現しており，その点では社会福祉政策の先進国であったが，ことに第二次世界大戦中の1942年に発表されたベヴァリッジ報告は社会保障の基本的な内容を示すものとして有名である。1945年に成立した労働党単独政権はこの報告書をもとに，国民年金制度，国民保健制度（NHS）などの社会福祉政策を実現した。こうした路線は国民的な合意となり，その後の政権は保守党であっても基本的にこの路線を維持していた。

　しかし1980年代に入って，保守党のサッチャー政権は英国病と揶揄された経済的停滞を脱するためにネオ・リベラリズムと呼ばれる政策をとり，労働組合弱体化や福祉の削減政策を実施した（毛利健三1999）。サッチャー・メイジャーの保守政権（1979年〜97年）の後を受けたブレアの労働党政権（1997年〜2007年）は就業支援型の福祉政策を推進する一方，対立的労使関係の解消など保守政権の政策を継承しており，その点で英国の社会福祉政策は80年代に大きく転換した（廣川嘉裕2006）。

　一方，海外の植民地との関係も変化する。1929年から始まる不況は英国にも甚大な影響を与え，1932年には自治領および植民地における帝国内特恵関税制度を導入してスターリング（英ポンド）圏を形成し，ブロック経済化していった。しかし，第二次世界大戦後になると，多くの植民地が独立し大英帝国は解体に向かう。1947年にはインドが独立したが，英国は冷戦構造のなかで，なお植民地と帝国の維持を通じたスターリング圏という形の経済構造を追求しようとする。しかし，西欧諸国の経済復興とともにヨーロッパとのつながりが増大し，他方で自治領や植民地との経済関係は低下していく。1950年代後半から60年代にいたる過程で多くの植民地は独立し，後には英連邦 British Commonwealth がわずかに残っただけであった。一方，ヨーロッパとの経済的なつながりが拡大したことは，英国が1960年にはヨーロッパ自由貿易連合 EFTA の結成を主導し，さらに1961年の EEC への参加を申請することにつながった。最終的に1973年，英国は EU に加盟することになり，ヨーロッパ主要国との経済的連携に舵を切った（ケイン・ホプキンス1997（II））。ただし，共通通貨のユーロには加入せず，独自通貨のポンドを維持していることからも分かるよ

うに，英国はヨーロッパの一員であるとともに，独・仏主導のヨーロッパとはやや異なった道筋を目指しているように思われる[3]。

　近年の英国の大きな特徴は，多文化共生社会としての性格である。英国は19世紀からマルクスなど政治的亡命者やユダヤ人など，ヨーロッパから数多くの避難民を受け入れてきたが，大英帝国の解体は英連邦諸国からさらに多くの移民を流入させることになった。アフリカ植民地独立の時には，この地に移住していたインド系住民が英国へ再移住するといったことも見られた。また英国のEU加盟は，EU域内のとりわけ東欧からの移民を増やしている。移民の流入に対して伝統的に比較的寛容な英国の社会が，多くの流入を招いたといって良いだろう。だが，こうした移民の増大は確執をも生み出しており，近年はEU域外からの流入に対して厳しい入国制限を行なうようになってきた。しかし，すでに英国内にはムスリム，シーク，ヒンドゥ，ユダヤなど多様な宗教や民族的背景をもつ人々が住んでおり，西インド諸島出身の黒人系の人々も多くなっている。こうした状況のなかで軋轢もあるが，英国が元来もっていた複合的な性格が今日では一層強まり，多民族，多文化社会という姿が現代英国の特徴となり，今日の英国を豊かなものにしていることも確かである。

3　本書の構成

　前項で見たように，英国は元々民族的に多様であり，また宗教的に寛容な社会を長い歴史のなかで作り上げてきた。しかし，そこには一筋縄でいかない複雑な経路が存在していた。本書はそのいくつかの局面を取り上げて検討しているが，本書に収録した諸論文は概ね16・17世紀の宗教改革期以降，現代までの時期における様々な問題を取り扱っている。そこで，以下ではそれぞれの章が取り上げた課題を簡単に見ながら，全体の見取り図を提供していくことにしよう。

　冒頭の第2章，後藤論文では，高校『世界史』の教科書では市民革命の時代とされ，また英国の歴史のなかでは宗教的な紛争が激しく展開した17世紀を取り扱っている。特にこの章では，英国のなかでアイルランドがどのように認識されていたかが問題とされる。イングランドやスコットランドとは異なってカトリック的な伝統が強く，20世紀に入るとその南部が分離独立し，北部に関しても何かと紛争の種になっているアイルランドが，この時期政治的，軍事的にイングランドへ統合されていくなかで，アイルランドとカトリックがどのように表象されていたかが明らかにされ，全体としてはプロテスタント国家である英国の複合国家としての側面が示されている。

　第3章から第5章まででは，政治的な安定と社会経済的に発展した18世紀

の英国が，外国とどのように関わったか，また女性がどのような位置を占めたかといった点が取り上げられる。最初の第3章近藤裕子論文では，詩人アレグサンダー・ポープとこの時代を代表する知識人女性であったモンタギュ夫人を取り上げて，英国独自の美意識である英国式庭園の成立と大陸との文化交流がどのような形で展開したのかを検討している。モンタギュ夫人は才気あふれる女性で，こうした女性の活躍の可能性がこの時代には少しずつ拡大した時期でもあった。しかし，女性の社会進出は男性にとってつねに好ましいものとは言えなかった。第4章の道重論文では，18世紀英国で展開した都市的な消費文化に対しておこなわれた消費批判を扱っているが，そのなかでは消費の拡大が女性化につながるという批判が現れる。洗練された都市的消費が女性的なものの拡大，そして国家の弱体化につながるという批判がどこから出てきたのかがこの章では検討される。

　一方，第5章の赤松論文では，やや専門的な観点からこの時期の結婚詐称訴訟が取り上げられる。結婚は家族を含む共同体的な関係にもとづくものという考えと，男女の情愛にもとづく結びつきであるという考えとが交錯する18世紀における結婚観を示す格好の材料としてこうした訴訟が取り上げられる。キリスト教的なヨーロッパにおいて結婚は単なる民事上の契約関係だけではなく，宗教行為としての側面が強いため，訴訟も教会裁判所を舞台として展開する。英国もその例外ではないが，男女関係の近代への過渡的な状況が英国ではよりはっきりと示されている。

　18世紀の英国は，17世紀において激しかった宗教的な対立を克服していく過程にあったが，第6章の太子堂論文では第4章にも登場したD. ヒュームの思想が，20世紀の経済学者ハイエクとともに論じられる。英国の経験論的な思想のなかで，漸進的進歩の道が理性の洗練と馴化によって実現するとするヒュームの思想が20世紀の保守的思想家とされるハイエクといかにつながるかが問題とされ，18世紀における生活の洗練さcivilizationが生み出した中庸の思想とハイエクにおける理性の限界との関係が明らかにされることになる。

　最後の第7章から第9章にいたる三つの章では世界最初の工業国家として世界をリードする存在となった英国が，20世紀後半にいたってその座をアメリカに譲っていく現代が扱われている。第二次世界大戦後に成立した労働党単独政権にとって，福祉国家は実現すべき重要な課題であった。第7章の近藤康裕論文ではこの時期の労働者文化が，文学批評の観点から取り上げられる。階級的な対立がなお解消されない時期ではあったが，福祉国家の実現が現実化するなかで労働者階級文化が国民的全体性のなかに埋没するのでは，と言う危機意識が生まれる。その文化的な軋轢を文学者の目から明らかにしようとしている。

一方，大戦後の帝国解体によって旧植民地から様々な宗教，人種の人びとが英国に流入して来ることになった。第8章では，こうした戦後英国の多民族・多宗教化の進展に伴って起こってきている「多民族・多宗教統合と共生の問題」の一端を，イングランド中部の地方都市レスターを具体的な事例として取り上げ，明らかにしている。インド系をはじめ多様な民族集団が移住して来ているレスターは，文化複合国家として存在する現代英国の縮図でもある。第8章佐藤論文では，移民のなかでもマイノリティであるカリブ海諸島出身の一女性の「個人の語り」を手掛かりにレスターの「好評判」再考を試みている。

　また，最終章である第9章も現代の英国が直面している経済問題をヨーロッパ連合（EU）との関わりで明らかにしている。スターリング圏の解体，帝国の解体はヨーロッパとの結びつきを強め，英国はEUに加盟することになった。しかし，EUによる様々な制約下にあって，EUからの離脱を求める声も無視できなくなっている。川野論文では，今やEUと不可分の関係になっている英国にとって，ヨーロッパがどのように向き合うことができるか，経済的な側面からの分析が行なわれる。

　以上のように本書に収録した諸論文は，それぞれが独自の視角で英国の姿を明らかにしようとするものである。もちろん，英国という国家は，他の国々と同様に多彩で多様な側面をもっているが，本書の各論文は英国のもっている多様性がいかにして形成されたか，またどこに現代英国の個性の源泉があるかを明らかにしようとしている。これ以外にも，例えばイングランドとスコットランドの関係など，論ずべき課題はもちろん多く残っている。しかし，本書では，一見するとバラバラに見える各論文が全体として，現代の英国の姿を見るための材料を提供しているのであって，新たな英国理解につながることができればと願っている。

注

1）　なお，本書の表題には「英国」という表記を用いているが，本書の各章ではイギリスという語も用いられている。英国の具体的な内容については第2章以下で説明されるが，イギリスは本来イングリッシュのなまったものとされているとはいえ，今日では英国とイギリスの差異はほとんどない。本書では，この両者がほぼ同じ意味にもちいられており，その点を最初に確認しておくことにする。
2）　アイルランドは1922年に自治領となり，その後紆余曲折を経て1949年に完全に独立した共和国となる。
3）　2016年6月23日に実施された国民投票の結果，英国はEUからの離脱を選択した。首相はテレーザ・メイ Theresa May に交替し今後離脱交渉が始まるが，その行方は現時点では明らかではない。

参考文献

岩井淳編著 (2012 年)『複合国家イギリスの宗教と社会』ミネルヴァ書房.
富沢霊岸 (1988 年)『イギリス中世史』ミネルヴァ書房.
クラーク，P. (2004 年) (西沢保他訳)『イギリス現代史』名古屋大学出版会.
ケイン，P. J., ホプキンス，A.G. (竹内幸雄，秋田茂訳, 1997 年)『ジェントルマン資本主義の帝国 I』(名古屋大学出版会).
ケイン，P. J., ホプキンス，A.G. (木畑洋一，亘祐介訳, 1997 年)『ジェントルマン資本主義の帝国 II』(名古屋大学出版会).
コリー，L. (川北稔監訳, 2000 年)『イギリス国民の誕生』名古屋大学出版会.
近藤和彦 (1991 年)「一日も早く文明開化の門に入らしめん」草光俊雄・近藤和彦・齋藤修・松村高夫編『英国をみる』リブロポート.
近藤和彦 (2013)『イギリス史 10 講』岩波書店.
指昭博編著 (1999 年)『「イギリス」であること』刀水書房.
佐々木聡編 (2001 年)『日本の戦後企業家史』有斐閣.
浜林正夫, 1987 年『イギリス宗教史』大月書店.
中野忠, 道重一郎, 唐澤達之編　2012 年『18 世紀イギリスの都市空間を探る』刀水書房.
平田雅博 (2000)『イギリス帝国と世界システム』晃洋書房.
廣川嘉裕 (2006 年)「ギリスにおける労働市場政策・福祉政策の展開」『関西大学法学論集』第 55 巻　第 4・5 合併号.
ブリッグス，A. (今井宏他訳, 2004 年)『イギリス社会史』筑摩書房.
ブリュア，J. (大久保佳子訳, 2003 年)『財政＝軍事国家の衝撃』名古屋大学出版会.
毛利健三編著 (1999 年)『現代イギリス社会政策史 1945〜1990』ミネルヴァ書房.
道重一郎 (1993 年)「イギリス産業革命像の再検討」『土地制度史学』141 号.

イギリスの王室と結婚

　ヨーロッパの王室は伝統的に相互に結婚を通じたつながりをもち，英国王室も例外ではない。イングランドのヘンリ7世はスコットランドのジェームズ4世（在位1488-1513）に娘を嫁がせた結果，その曾孫にあたるスコットランドのジェームズ6世（在位1567-1625）がイングランドのジェームズ1世として即位することになり二つの王国は一人の国王によって統治されることになった。1660年の王政復古によって王位についたチャールズ2世の妻はポルトガル王家の出身で，英国の人びとが好んで飲用する茶をこの国に持ち込んだ最初の人ともいわれている。

　名誉革命の結果，ジェームズ2世の娘だがプロテスタントのメアリとその夫ウィリアムが王位を継承する。その後，彼女の妹アンが王位を継ぐが，最終的にはジェームズ1世の曾孫にあたるハノーファー選帝侯ゲオルグをジョージ1世として迎えることになった。

　18世紀から19世紀初頭のジョージ1世からウィリアム4世にいたるハノーヴァー朝では，全ての英国王がドイツのプロテスタント諸侯出身者を妻に娶っており，英国王室には非常に強いドイツ的伝統が流れていた。ウィリアム4世の後を継いだのが，ヴィクトリア女王である。彼女の治世は現在のエリザベス2世が2015年9月に抜くまで，英国史上最長の在位を誇る君主であり，英国の最盛期の象徴でもあった。ドイツにおいては女系の君主が立つことを認めていなかったため，ヴィクトリア女王の即位とともにハノーファー選帝侯（1815年以降は王国）との同君連合は解消されることになる。

　しかし，ヴィクトリア女王もドイツ的伝統を受け継いでおり，彼女の夫アルバート公もドイツのサックス・コーバーグ・ゴータ家の出であった。その息子エドワード7世からは王朝名もこの名で呼ばれた。アルバート公はドイツの伝統であったクリスマスツリーを英国にもたらしたといわれている。しかし，不幸なことに20世紀に入って英国はドイツと対決し，時の国王ジョージ5世はヴィクトリア女王の孫で，同じ孫のドイツ皇帝ヴィルヘルム2世とは従兄弟同士でもあったが，王朝名を英国風のウィンザー家へと替えることで，敵国となったドイツ貴族としての伝統から英国王室を切り離すことを決断した。

　映画「キングズ・スピーチ」で話題になったジョージ6世はジョージ5世の次男であり，兄エドワード8世が離婚歴のあるアメリカ女性と結婚して王位を去った後に即位した。彼の妻はスコットランド貴族の娘であり，これまでの伝統とは異って英国の貴族出身女性と恋愛結婚をしている点で新しい王室の姿を見せている。その娘エリザベス2世はドイツ貴族の血を引くギリシャ王族出身のエディンバラ公と結婚したが，チャールズ皇太子の最初の妻ダイアナ妃は英国貴族であるし，離婚後に再婚したカミラ夫人も英国出身である。孫のウィリアム王子は平民出身のキャサリンと恋愛結婚をしている。外国王室とのつながりで結婚が決まる伝統はヨーロッパの他の王室と同様にすっかり薄れている。

（道重一郎）

第2章　アイルランド陰謀事件と革命の記憶
―ステュアート朝三王国と「復古危機」―

後藤　はる美

1　はじめに―王政復古とステュアート三王国

　チャールズ2世 Charles II が1660年に王政を復古したとき，ブリテン諸島は革命前の三王国体制に復帰した。これはイングランド・スコットランド・アイルランドの三つの王国が，一人の君主のもとで，三つの議会と三つの教会によって治められる体制である[1]。ヘンリ8世 Henry VIII の「アイルランド国王」宣言に始まり，ジェイムズ1世の即位によって完成したこの同君連合は，三王国がただちに一つの国となることを意味しない[2]。チャールズ2世が戴いた王冠は三つあり，各王国はそれぞれの王冠に象徴される権威と，それに付随する統治契約にしたがって，別々に治められたのである。こうして1649年から1659年のあいだに構想された共和政府とクロムウェルによる統一的なブリテン国家創出の試みは，未完のまま終わることになる。しかし，「三王国戦争」(the wars of the three kingdoms) あるいは「ブリテン革命」(the British Revolution) として知られる17世紀半ばの激震は，王政復古ののちにも消え去らない深い爪痕を残していた。本章では，この革命の「遺産」の問題を，1678～83年に紛糾した王位継承排除危機 (the exclusion crisis) と教皇主義者陰謀事件 (the popish plots) を通じて考察する。とりわけ，王政復古期の三王国体制がはらむ問題を端的に表す，アイルランド陰謀事件と革命の記憶に焦点をあて，そのなかで中心的な役割を果たした法廷・出版と民衆の関わりと，この時期の政治文化の変容を明らかにしたい。

1) 排除危機から「復古危機」へ

　王位継承排除危機とは，次期国王と目された王弟ヨーク公ジェイムズ（のちのジェイムズ2世 James II 在位1685–88）が公然とカトリックに改宗し，さらにカトリックのメアリ Mary of Modena (1658–1718) と再婚したことを契機とする政治危機である。エリザベス1世 Elizabeth I 以来，イングランドにおいてカトリックは公職から追放されていた。これは，より徹底的な宗教改革を経験し，長老派教会体制をとっていたスコットランドでも同様であった。プロテスタント国ブリテンの王室がカトリック化することを恐れた人々は，議会を

拠点としてジェイムズを王位継承から排除する法案の成立をめざし，それに反対する王党派と敵対して，議会内外で闘争を繰り広げることになった。亡命先からチャールズ2世を迎え入れた「騎士議会」は1679年1月に解散され，その後に連続して召集された3度の議会（1679年3〜7月，1680年10月〜翌1月，1681年3月）では，反国王派が優勢となった。王位継承排除法案を推進した派閥はホウィグ（whig）と呼ばれ，王党派トーリ（tory）と激しく対立した。争点は，ジェイムズによる王位継承の是非のみならず，国王の親フランス外交政策の問題と，宗教的寛容をめぐる高教会派と低教会派の対立が連動し，1630年代の緊張を彷彿とさせる事態となった。

　従来，この時期は近代的政党の創成期と位置づけられてきた。代表的な研究者であるJ．R．ジョーンズは『初代ホウィグ党』（1961年）において，排除危機を，ジェイムズの王位継承排除という一貫した政治目的をもち，その実現に全力を傾けた「政党」が現れた時代として特徴づけた（Jones, 1961）。この解釈は，近代のトーリ・ホウィグの二大政党時代の萌芽を排除危機下にみて，続くジェイムズ2世の専制が最終的な危機を招き，必然的に名誉革命が起こって議会制民主主義が完成される，という歴史観を支えるものであった。

　しかし，こうした単線的な進歩史観の再考が，1980年代末以降めざましく進んでいる。批判者たちは，人々がこの時代に何を考え行動したのかという同時代人の文脈に回帰すると同時に，民衆を視野に入れた「下から」の歴史に注目した。この流れは王政復古前後の時代の再検討とも連動して，1990年代に飛躍的に拡大していった。こうした修正論の動きは，日本では，ブリテン革命および名誉革命の文脈ではゆっくりと受容が進んでいるが，王政復古期についてはほとんど等閑視されてきた（岩井淳・指昭博2000年，岩井淳2012年，後藤はる美2015年，坂下史2014年，*Odysseus* 2009年；翻訳書としては，デイヴィス2006年，ポーコック2013年）。

　英語圏において王政復古期の再解釈を担う主要な研究者は，スコット，ハリス，ナイツ，ドゥクレイらである。排除危機は，一連の研究において，単発の「新しい」危機の時代ではなく，1638〜42年，1678〜83年，1688〜89年の連続する三つの危機の一環として，初期・後期ステュアート朝の持続する構造のなかでとらえ直されている（Scott, 1991a；Harris, 1987；Harris, 2005；Knights, 1994；Knights, 2005；De Krey, 2005；De Krey, 2007）。この視角においては，問題はヨーク公ジェイムズの王位継承排除という単独の問題ではなく，反教皇主義（反カトリック）・反専制政府（反フランス）を軸にした，ヨーロッパとブリテンにまたがる複合的・構造的問題として再定位された。排除危機は，スコットの命名にならって，王政復古とともに復古したステュアート王

朝の「復古危機」(the Restoration crisis) と位置づけ直されたのである (Scott, 1991a, pp.1–49; Scott, 2000)。ただし,「連続」「復古」といっても,同じ問題がまったく同じように繰り返されたというのではない。この議論のポイントは,構造的な連続性を持ちつつも,異なる展開がみられるところに鍵がある。本章は,復古危機論を土台としつつ,アイルランド陰謀事件とホウィグ弾劾裁判という,排除危機の顕著なモメントを取りあげ,この危機に司法・プレス・民衆がどのように関与していったのかを具体的に見ていくなかで,王政復古期の政治文化の変容を考えたい。

2) 教皇主義者陰謀事件と民衆政治

アイルランド陰謀事件とは,聞き慣れない事件かもしれない。この事件は,タイタス・オーツの証言に端を発する教皇主義者陰謀事件の一つである。カトリックによる陰謀とされた一連の事件が架空であり,反カトリック感情を扇動する目的で,ほぼ捏造されたことはよく知られている。騒動を支援していたのは,議会における王位継承排除の急先鋒にして,ホウィグ領袖とみなされる第1代シャフツベリ伯 Anthony Ashley Cooper, the 1st Earl of Shaftesbury (1621–1683) であった。告発されたさまざまな陰謀には,国王チャールズ暗殺,カトリック王ジェイムズの即位,フランスの後援のもとでのカトリックによる軍事征服,アイルランドにおけるプロテスタント大虐殺などが含まれ,ほとんどがこれらのいくつかを組み合わせたものであった。事実無根に近いこの陰謀論は,ロンドンにおけるエドマンド・ゴドフリ判事の暗殺という実際の事件を転機に具現化し,大規模なパンフレット合戦や複数の訴訟と,議会での審問に帰結した (Walker, 2009)。教皇主義者陰謀事件は,イングランドを一種のパラノイア,あるいはヒステリー状況に陥れたと言われてきたが,「妄想」「空想」による混乱状態であるがゆえに,かつては政治史のテーマとして真剣には取り扱われてこなかった。近年では,陰謀が架空であったとしても,この危機には政治的な意味があり,当時の人々の反応がこの時期の重要な政治文化,とくに「下からの政治」の動きを映し出すとして再評価されている。

ジェイムズが再婚し,カトリックによる王位継承への危機感が高まるなかで出回った数多くのセンセーショナルなパンフレットが,この問題における民衆のプレゼンスを示している。図1の『教皇主義の王位継承者の展望』(1681年) は,なかでも印象的な例である。ホウィグ派のスティーブン・コレッジ Stephen College (c.1635–1681) 作のこのパンフレットの中央では,半身が悪魔になった「教皇主義の王位継承者」ジェイムズが,特徴的な三重冠を戴く教皇と親密に向き合っている。その頭上ではジェイムズのトランペットから出た火でロン

図1

ドンが炎上し，背後ではプロテスタントが火刑に処されている。さらに，教皇の半身であるイングランド国教会主教が「低教会」から人々を追い出す後ろで，イエズス会士が箒の尾をもつ犬になつかれながら応援し，その上で悪魔が鞭をふるって「高教会」を激励する（箒は，敵対するトーリの出版者ヘンリ・ブルームを暗示する）。悪魔とは対極に位置する画面の左端では，喧騒を逃れた天使が正しい王位継承者へと月桂冠を運ぼうとしていた。この手の込んだ風刺画の含意を当時の民衆がどこまで正確に理解したかはわからない。しかし，ジェイムズの王位継承をめぐる対立の図式は，明確に教皇主義と圧政，それが引き起こす流血の惨事によって図像的に印象づけられている。

　さらに，民衆は絵を見るだけでなく実際に行動した。図2は，『教皇，枢機卿，イエズス会士，修道僧，修道女の厳粛なる疑似葬送行列』と題した瓦版で，1680年11月17日（エリザベス1世の即位記念日）にロンドンで行われた教皇

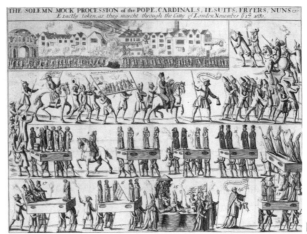

図2

― 16 ―

人形の火刑の行進を報告したものである。こうした反カトリックの行進は1679年から1681年のあいだ毎年行われており，このうち1679年だけでも約2万人の観衆を動員したと推定されている（Walker, p. 127）。さらに，「怪物的」と称された大規模な嘆願が議会外で組織されたことからも，大衆動員の気運の高まりをうかがうことができる（Knights, 1993）。

2　アイルランド陰謀事件
1）　アイルランドの復古危機

　数多くあった陰謀論のなかでも，アイルランドでの陰謀を語るものがなぜ求心力をもったのか。その理由は，ステュアート朝の連続性のもとでみれば自明かもしれない。後述するように，内戦前夜のアイルランドにおけるプロテスタント「大虐殺」（1641年），いわゆる「41年」（forty one）の記憶は，アイルランドを明らかな火種として認識させる土台となっていたからである。スコットランドで国民契約派が蜂起した主教戦争（1639～40年）に次いで，1641年10月に始まったアルスタのカトリック反乱は，イングランド内戦への導火線として忘れがたい事件である。ロンドンに届き始めたプロテスタント同胞「虐殺」の報に，イングランドの長期議会は鎮圧軍派遣を決めたものの，その軍事指揮権をめぐってかねてからの国王との対立が決定的となった。こうして開始した，ブリテン諸島全土を巻き込んだ「玉突き」的内戦の展開は，一人の君主のもとに結びあわされた三王国の戦争として再解釈されている（モリル2004年，同2015年，デイヴィス2006年，ポーコック2013年；岩井淳2015年，岩井淳編2012年，近藤和彦2013年，後藤はる美2015年）。

　アルスタのカトリック反乱は，宗教改革以来のイングランド（および1603年以降はスコットランド）からのプロテスタント入植者 ―ニュー・イングリッシュ― が，人口の大半を占めるカトリック ―宗教改革以前の入植者であるオールド・イングリッシュおよびゲール系住民― を支配するアイルランド社会のいびつな構造を反映して，ニュー・イングリッシュが集中するアルスタから発生した。死者の数は最新の推定で2000人以上とされるが，後述のように，当時は煽情的なニュースがときに挿絵入りで流布し，犠牲者は15～20万人とも伝えられた（モリル2015年，p. 125。オショクル2012年，p. 121）。この「41年」の記憶は1649年のクロムウェルによる報復戦 ―ドロエダおよびウェクスフォード「大虐殺」― と対をなし，数世紀にわたってアイルランド人・イングランド人のアイデンティティ形成に重要な役割を果たすことになる。

　しかも，アイルランドの「復古危機」は，ブリテン諸島の他の地域と比べると特殊でもあった。なぜならアイルランドは，「復古」によって時間が巻き戻さ

れることがなかった地域だからである。革命期のクロムウェルによるアイルランド征服と，それに続くカトリックからプロテスタントへの大規模な土地移動は，少数派プロテスタントが多数派カトリックを支配する体制を決定的に強化した。1652年のアイルランド土地処分法は，ニュー・イングリッシュをのぞく大半の人々を，反乱に組した「アイルランド人」とみなして，オールド・イングリッシュとゲール系住民から土地を取り上げて，アイルランド西部4州（あるいは海外）への移住を強制した。この時アイルランド全土の40％がイングランド出身のプロテスタントの手に渡り，カトリックのオールド・イングリッシュおよびゲール系の土地所有率は1640年の64％から15％にまで減少した。移動した土地は，有力者の庇護を受けた者に限って王政復古とともに一部回復され，1670年にはカトリックの土地所有率は22％に上昇したが，17世紀末には再び10％にまで落ち込んでいった（モリル2004年，p. 68。同2012年，pp. 106–108。バーナード2015年，p. 164。山本正2002年，pp. 153–161）。

　我々は今でこそ，アイルランドにおけるプロテスタント優位体制がこの後数世紀にわたって続き，現代の北アイルランド問題につながることを知っている。しかし，当時アイルランドに生きたカトリックとプロテスタントは，王政復古という体制転換とともに，勢力配置が変わるのではないかという期待と不安に揺れ動いていた。当時のアイルランド総督オーモンド公 James Butler, the 1st duke of Ormond（1610–1688）にとって最大のジレンマは，噂される教皇主義者の陰謀はほぼ確実に架空であるが，対応しないわけにはいかない，という問題であった。オーモンド公はオールド・イングリッシュの有力家系に生まれ，自身はイングランドのカンタベリ大主教のもとでプロテスタントとして育てられた複雑な経歴をもつ人物である（モリル2012年，p. 99）。

　さらに，内戦期に疲弊したアイルランドは軍備も脆弱で，いざカトリック陰謀の噂が飛び交っても，新たに軍隊を整える資金もなかった。陰謀事件の報を受けた総督は，早急にダブリン議会を開催し，資金を調達する必要を感じていた。しかし，イングランド側の不安定な政局の影響でなかなかダブリン議会の召集が認められず，立ち往生を強いられていた（Gibney, 2009, pp. 89–91）。

　オーモンド公の窮地は，アイルランド王国内のプロテスタントも一枚岩ではないという事情からいっそう深刻化した。総督の対応の遅れを批判してその失墜をもくろむ者がいたからである。総督は早期に陰謀の噂が事実無根であることを突き止めており，さらに資金難もあって表立った対策を取りかねていた。そこに付け込んだマンスタの有力者オレリー伯ロジャー・ボイル Roger Boyle, the 1st earl of Orrery（1621–1679）は，ロンドンのホウィグと組んで，陰謀加担者として総督を攻撃しようとしていたのである[3]。復古期のアイルランドは，

このようにブリテン諸島のなかでも殊更に不安定で，多くの火種をはらんでいた。次節では，それが発火しかかった（が，総じて不発に終わった），アイルランド陰謀事件について具体的に見ていこう。

2) アイルランド大虐殺（1641年）の記憶

イングランドで広まった教皇主義者陰謀事件のバリエーションはいくつもあるが，そのなかでアイルランド陰謀事件が特徴的なのは，1641年のプロテスタント「大虐殺」の記憶が大きな役割を果たしていることである。教皇主義者陰謀事件というほぼ実態を持たない事件に，一定の具体相と切迫した危機感を与えたのはこの記憶であった。告発者たちは，直近のカトリック陰謀の集団的記憶を下敷きにして，同じような「野蛮」で，「残虐」で，「非道」なプロテスタント大虐殺が計画されていると主張した。陰謀の裏には教皇あるいはフランスが控え，その援軍によるアイルランド侵略計画がある，という大枠のもとで，具体的な上陸場所や首謀者の名前など，一定の共通点と，ある種の具体性をもったエピソードが語られた。これはイングランドで計画されていたといわれる陰謀論が明確な焦点をもたなかったのに対して，むしろ現実的で具体的な印象さえ与えるものであった。

陰謀の被疑者は，アイルランドの巡回法廷，ロンドン議会の委員会審問，ロンドンの上級裁判所オールド・ベイリほかで審議されることになった。アイルランドでの陰謀事件の情報は，必然的にロンドンでは直接収集できず，アイルランドの情報提供者の情報に頼っていた。そのため，「アイルランドの証拠」(Irish evidence) の真偽は，当初から大きな問題となった。陰謀事件の主な情報提供者は，インフォーマーと呼ばれる，情報提供の見返りに金銭を得るような人々であったからである。タイタス・オーツもその典型であるが，とくにアイルランド陰謀事件に関しては，出自の怪しいアイルランド人たちが活躍した。なかにはシャフツベリの庇護を期待してアイルランドからロンドンにやってきた，複数の前科もちや脱獄囚さえいたが，シャフツベリらはそれと知りつつ（少なくとも裁判の最中は）彼らを優遇したという（Gibney, 2009, esp. p. 99）。アイルランド陰謀事件の証言をした同じ情報提供者が，後述のホウィグ弾劾裁判で，逆に王権側に使われる事例さえあったことからも，彼らの証言の信憑性の程度は明らかである。証人の身元が怪しいことも当時から多くのパンフレットで書かれ，またそれに対する弁明もパンフレット上で行われた。

「アイルランドの証拠」は，まもなく議会の公的な承認のもとで出版されて出回った。例えば，1680年のパンフレットは『J・マクナマラ氏によるアイルランドの教皇主義者陰謀の情報，ティロン伯と他の同盟者が謀った，同王国をフ

ランス王に渡し，教皇教を同地に確立せんとした陰謀』と題され，ロンドンにて出版された (Macnamara, 1680)。同年のD・フィッツジェラルドによる『アイルランドの教皇主義者の陰謀の話。同王国をフランス人の手に渡す裏切り行為と，同地の全イングランド人を虐殺し，プロテスタント教と政府を完全に転覆する，1662年から続く計画』の本文では，1641年のプロテスタント「大虐殺」が強調され，余白には「イングランド人は41年のことをよく覚えている」との注記がなされた (Fitzgerald, 1680)。

さらに，41年との連続性のなかで陰謀事件がとらえられていたことは，サー・ジョン・テンプル (John Temple, 1600–1677) の『アイルランド反乱』（初版1646年）の1679年の再版に典型的に現れる。この表紙には初版と同じように，「1641年10月23日にアイルランド王国から始まった大反乱の発端と展開，それに続く，野蛮な残虐行為と血みどろの虐殺の歴史」とある (Temple, 1679)。同じ年に出された別のパンフレットは『イングランド，スコットランド，アイルランド王国に対する血に飢えた教皇主義者による策略，陰謀，非道な行いについて』と題され，副題には「宗教改革から1678年まで。また，フランス，パリにおけるプロテスタント虐殺の残虐行為について。さらに先の内乱に関する陰謀とチャールズ1世の死をめぐる共謀の詳細とともに」とある (L'Estrange, 1678)。これが端的に表すように，41年と革命／内戦の記憶は，「血のメアリ」（メアリ1世, Mary I）期や，チャールズ1世の「殉教」，さらには1572年のサンバルテルミのユグノー虐殺を含む，「長い宗教改革」のプロテスタント迫害・殉教の歴史のなかに位置づけられている。

3）アーマ大司教オリヴァ・プランケット裁判

実態のないアイルランド陰謀事件は，イングランド・アイルランド双方の不安定な政局のなかで，何らかの落としどころを求めるようになる。事態は結局，カトリックのアーマ大司教プランケット Oliver Plunket (1625–1681) の捕縛と訴追によって収拾された。対応を迫られた総督オーモンド公は，1679年12月に当初ほぼ無実と知りながらプランケットをダブリン城に収監した。その後さまざまな証言が上がり，「7万人」のカトリックによる反乱を企画した大逆罪の嫌疑で，プランケットは翌年7月にレンスターのダンドークにて裁判に掛けられた。しかし，訴えは棄却された。その大きな要因は，同地が，被告であるプランケットにも，彼が陰謀に加担していると証言した証人たちにも馴染みの土地であることにあった。なかでも主要な証人たちは，同地で名を知られた脱獄囚や犯罪人であったために，裁判が終わった途端に捕まることを恐れて結局出廷しなかったという。さらに，陪審からはカトリックが排除されていたはず

だが，その陪審たちにとっても看過しがたいほどに証拠に食い違いが多く，大陪審（grand jury）が訴状と証拠を吟味した時点で棄却したのであった（Gibney, 2009, pp. 78–83, 88–89）。（大陪審の法廷における役割については次節で詳説する）

　しかし，プランケット裁判が特殊なのは，この後，1681年5月に事実上の再審がロンドンの王座裁判所（King's Bench）で行われたことである（Howell, 1816, pp. 447–501）。アイルランドとイングランドは，王政復古以来，原則として異なる法に縛られた別の王国として復活しており，アイルランドでの犯罪をイングランドで裁く論理は成り立ちえない。実際に，プランケットはイングランド法廷での再審の司法的な妥当性を問うたものの，結局黙殺された。さらに，プランケットはダンドークで提出された（矛盾が多く，プランケット側に有利な）証拠を王座裁判所の裁判でも再審査すべきとして取り寄せようとしたが，アイルランド側に拒否された。アイルランドは，これが前例となってアイルランドの司法的自立性が損なわれることを懸念したのであった（Gibney, 2009, pp. 147–149. Hanly, 2004／2006）。結局，1681年5月にロンドンで裁判が強行された。ホウィグに抱き込まれた陪審は断定的に有罪を認め，プランケットはほぼ無根の陰謀罪・大逆罪によって処刑され，これでアイルランド陰謀事件は一応の決着をみた。教皇主義者陰謀事件におけるホウィグの主要な「成果」となったプランケット事件は，司法制度におけるアイルランドの事実上の従属性を浮き彫りにするものであった[4]。

3　ホウィグ弾劾裁判とロンドン大陪審
1）シャフツベリ・ロンドン・大陪審

　ホウィグの教皇主義者陰謀事件に対抗して，国王とトーリも法廷を利用した反撃に出た。その顕著な事例は，アイルランド陰謀事件の黒幕でもあったシャフツベリの弾劾裁判である。シャフツベリはウィルトシャ州／ドーセット州のジェントリ家系に生まれ，激動の17世紀を議会派と王党派の間を何度も行き来しながら生き抜いた人物である。革命期には議会派に付くものの，王政復古前夜には王党派との橋渡しに貢献し，その功をもってチャールズ2世に枢密院議員，男爵に任じられた。その後も「カバル」（Cabal）の一員として大法官を務め，1672年には伯爵に叙されたが，ジェイムズのカトリック改宗に伴い王党派から離反し，排除危機までにホウィグの一派の指導者となっていた。

　シャフツベリ裁判は，プランケットの処刑後まもなくの1681年11月にロンドンで実施された。罪状は，王弟ジェイムズの王位継承排除と，非国教徒への寛容の実現をめざした国王廃位，とりわけ武力行使や国王殺害の陰謀を根拠と

した大逆罪である。排除危機のクライマックスともいえる同裁判の結果は，大陪審による棄却（ignoramus）で終わった（Howell, 1816, pp. 759–842）。

　大陪審とは，地域住民からシェリフが選任し，法廷において訴状の審査を行った通常 17～21 人の一般人である。現代日本の裁判員とも，陪審と聞いてまず思い浮かべる，有罪無罪を決める 12 名の審理陪審（小陪審）とも異なる，現在ではアメリカにおいてその名を留めるのみの役職である。イングランドにおいて大陪審が役割をもったのは起訴の段階であり，その裁決は多数決に基づいていた。彼らが形式を審査して，正式起訴（true bill）に足るとした訴状のみが次段階へ進むという点で，大陪審は法廷プロセスの入口の番人といえる（後藤はる美 2012 年，pp. 15–18）。

　シャフツベリの裁判は，彼が在住するロンドンの上級裁判所オールド・ベイリ（the Old Bailey）で行われ，陪審はロンドン市民から選ばれた。ロンドンの四季法廷管轄はシティとミドルセクスの二つに分かれており，その上級審（地方における巡回裁判所にあたる）として機能しているのがオールド・ベイリである（Beattie, 2001, pp. 11–17）。大陪審は法廷会期ごとにシティとミドルセクスに各 1 組任命され，その選任を行ったのは，シェリフであった。しかしロンドンの場合，シェリフの選出に影響を与えられる複数の政治権力が存在した。相当大きな影響力を持ったロンドン市長（Lord Mayor）に加えて，ロンドン市議会（the common council）やロンドン市参事会（the court of aldermen），コモン・ホール（the common hall）のメンバー構成が，シェリフ選の行方を左右した[5]。

　三度目の議会（「オクスフォード議会」）が排除法案を通すことなく解散されると，ロンドン市政においては，議会の再召集を国王に嘆願するか否かをめぐって市議会と参事会のメンバーが論争を繰り広げた。その延長線上で召集された 6 月のコモン・ホールで，市長の推薦のもと，ホウィグのシェリフが選出された（Harris, 1994, pp. 130–131, 185. De krey 2005, pp. 225–229）。これ以後 1682 年末まで，ホウィグは開催されない議会に代わって，ロンドン市政において優勢を保つようになる。他方で王権は，議会解散後，議会外での牽制に注力し，一連のホウィグ弾劾裁判を展開した。大本命のシャフツベリよりも先に裁判にかけられたのは，冒頭の瓦版（図 1）の作者のコレッジであった。訴追の直接的な発端は，別の裁判で大逆罪の被告となっていたアイルランド人情報提供者フィッツハリスの証言である。フィッツハリスはホウィグに教皇主義者陰謀事件の証言を提供した人物であったが，王権側は彼からホウィグに不利な証言を引き出そうとしていた。彼は減刑を期待して，ホウィグがオクスフォードでクーデタを企画しているとの情報を開示した。その頃コレッジは，自らオクス

フォードに赴き，同議会開催に合わせて図1を含む二つの過激な印刷物を流布させていたのであった（Harris, 1994, p. 149. De Krey, 2005, pp. 231–234. do., 2004/2008）。

当初，コレッジが訴えられたのはホウィグ派シェリフの影響下にあるミドルセクス管轄の法廷であったため，大陪審によって訴状は棄却された（1681年7月）。陪審の多くはコレッジの同胞といってよいプロテスタント非国教徒と商人たちであった（コレッジ自身も熱心な長老派で，国教会には「便宜的恭順」の立場をとった）（De Krey, 2004/2008）。しかし，コレッジはその翌月に，国王の息のかかったオクスフォードで再び裁判にかけられることになる。トーリに席巻された同地の大陪審・小陪審は有罪の判決を下し，コレッジは大逆罪で処刑された。排除危機下のホウィグ弾劾裁判の最初の犠牲者である。勢いを得たトーリの次の標的とされたのは，コレッジの同胞ラウス（John Rouse）であったが，同年10月に行われた裁判はロンドン大陪審により棄却され，ラウスは難を逃れた。

2)　「シャフツベリ伯万歳！」

コレッジ事件さなかの1681年7月に，シャフツベリはロンドン塔に収容された。その後，ホウィグ派シェリフのもとで大陪審候補が選定されたが，同リストに記載された49名は，若干名を除きいずれも名だたるホウィグであった。候補者選定以降，国王派は別の法廷への移管，陪審の選び直し等，代案を模索したがすべて失敗し，法廷開催日を迎えることとなる。1681年11月24日の法廷に，ロンドン大陪審は上述のリストに従って召喚された。当日出廷した者から21名が選抜され，誓約をへてその任についた。しかし，もともと候補者は押しなべてホウィグであったため，任命された大陪審はホウィグで独占されていた。大方の予想に違わず，結果は大陪審による訴状棄却，すなわち無罪放免であった。シャフツベリは4日後に釈放されたが，この「勝利」の報にロンドンではかがり火が焚かれ，記念メダルが配られ，「シャフツベリ伯万歳！」（God bless the Earl of Shaftsbury）の声が聞かれた（Harris, 1994, pp. 180–181. do., 2004/2008. De Krey, pp. 234–237）。

ところが，事態は1682年9月に一転した。ロンドン市政の紛糾の末，今度はトーリ派のシェリフが選出されたからである（Harris, 1994, pp. 185–186. De Krey, pp. 341–342）。シャフツベリは新たな嫌疑で再び裁判にかけられることになった。彼はトーリ支配下で行われる次の裁判では勝てないことを見越して，新シェリフ任命翌日には潜伏，その後，オランダへと亡命し，翌1月にそのまま客死した（Harris, 1994, p. 223）。

一連のホウィグ弾劾裁判の顛末は，シャフツベリ裁判がロンドン市政の趨勢と密接に関わり展開していたこと，また，プランケット裁判と同様に，住民から選ばれる大陪審が，結果的に大きな影響力を握っていたことを鮮やかに示している。裁判の様子は一般に公開され，傍聴者の報告が即座に印刷所に持ち込まれた。20世紀まで続く『オールド・ベイリ法廷議事録』の出版は1674年に始まり，1678年以降，各会期の法廷審議の報告が定期的に刊行されるようになっていた。この史料は，The Proceedings of the Old Bailey と呼ばれ，現在オンラインにて無料公開されている（http://www.oldbaileyonline.org/index.jsp）。

4　「ニュース」と初期公共圏
1）　大衆プレスと初期公共圏

　チャールズ2世が強制的に議会を解散して宙に浮いたのは，王位継承排除法案だけではなかった。1679年の最初の排除危機議会（「人身保護法議会」）の休会／閉会によって，同5月まで効力を保っていた検閲法が更新の暇なく失効し，従来の事前検閲にもとづく検閲体制が崩壊した（Harris, 2005, p. 70）。検閲法の失効は，召集と解散を繰り返すロンドン議会の動向や，上述の教皇主義者陰謀事件と弾劾裁判による混乱と相まって，ホウィグ／トーリの紙上戦を激化させることになった。近世のパンフレットに関する研究によれば，1679年から1681年に印刷物のタイトル数は倍増し，年間約3000タイトルのペースで出版されるようになったという（Raymond, 2003, pp. 164, 337–340. 香内三郎2014年，p. 255）。この時期のパンフレットの発行部数は一定しないが，ナイツの推定では主要なもので1000～3000部，平均2300部との数値が挙げられている（Knights, 1994, p. 168）。

　近世における出版物と読者の歴史は，同時代出版物をほぼ網羅した大型デジタル・コレクション Early English Books Online（EEBO）や Eighteenth Century Collections Online（ECCO）の開発もあって，近年，飛躍的に進展している。統計的調査によれば，そもそも大衆的出版物が爆発的に増加したのは，「アイルランド大虐殺」が報じられた1641年のことである。年数十件であった15世紀末以来，多くても年間500件前後の水準でとどまっていたタイトル数は，内戦による権力の間隙に乗じてこの時一気に4000件まで上昇した。その後17世紀を通じて出版数増加の大波は，国王処刑（1649年）や護国卿政権樹立（1653年），王政復古（1660年）など主要な政変に呼応してやってきた。17世紀半ばのロンドンには判別するだけで35の印刷所があり，革命期には約200の販売所が市内に存在したという。さらに，地方を巡回して売り歩く行商人の

存在が，大衆プレスの影響力をロンドンから遠く離れた地方にまで拡大していた。1630年のアイルランドでは，ダブリンにさえ印刷所・販売所が各1か所しか確認できないことからも，当時の出版におけるロンドンの中心性は圧倒的である (MacElligott, 2012, pp. 137–138)。

　この頃に新たに台頭するのは数頁から十数ページの軽い読み物だけでなく，新聞に類する定期刊行物であった。1640年代半ばに週刊誌は20種以上あり，王党派・議会派の双方がそれぞれ機関紙をもっていた (Raymond, 2011, p. 63. Peacey, 2015, p. 279. 香内三郎 2004年，pp. 164–252)。刻々と変わる戦況を報じたこれらの紙面には虚偽や矛盾が多く含まれていたが，1640年代のパンフレット研究の成果によれば，この時期には人々はすでにパンフレットを批判的に読む態度を身に付けていたという (Peacey, 2013)。読者は複数の情報を比較検討したり，実体験や信頼できる顔見知りからの情報を加味して，ニュースの真偽をはかっていたと考えられるのである。

　他方で，レイクとピンカスの共同研究では，1640年代から王政復古期にかけて，密度と恒常性において16世紀とは質的に異なる「公共圏」(public sphere) が成立すると指摘されている (Lake and Pincus, 2006, pp. 279–281, 289–290)。この時期に，出版物の数が飛躍的に増加すると同時に，恒常的に流通するようになるからである。革命前夜のイングランドでチャールズ1世に提出された「大諫奏」(the grand remonstrance) が，国王の返答をうながすべく「庶民院の決定により」印刷，公開されたこと，スコットランドの国民契約派の署名集会に際して採択された「抗議文」(protestation) が各地で出版されたこと，さらに国王側も布告に出版を利用し始めていることは，この文脈において意味深長である。いまや政治は，議会や宮廷内部の限られた対面関係と手稿のニュース書簡のやりとりから，印刷物を媒体とした言説空間に拡大し，「質」とともに「数」の政治が，少なくとも無視できぬ存在感を獲得しつつあった。宗派・党派抗争が激化するなかで事態に対応するには，双方ともプレスという同じ武器を使って応戦せねばならない段階が訪れていたのである。

2) 革命の記憶とトーリ／ホウィグ

　王政復古期の政治文化を考える上で，第一の特徴としてあげられるのは，「ニュース」というジャンルの積極的利用である。上述のように，アイルランド陰謀事件に関するセンセーショナルなパンフレットのタイトルには，典型的に「情報」(information) や，「解説」(relation)「話」(narrative)「報告」(account) という言葉が用いられ，「ニュース」のような体裁が強調されていた。排除危機期のパンフレットの多くはフォリオ（二つ折り）判を取っていた

が，これはより高価で，公式文書にもよく使われる体裁であり，外見からも公式なニュースの性格を出そうとしていたことがうかがえる。しかもシャフツベリらの後援の結果，1シート1ペニー程度の安価で売られた（Love, 2002, pp. 653, 655）。

同じことは，ホウィグに対抗した王党派トーリについてもいえる。王政復古期のトーリ系大衆プレスの筆頭に挙げられるのは，レストレンジ Roger L'Estrange (1616–1704) とその印刷者ブルーム Henry Brome (d. 1681) である。レストレンジは，1663年以来ニュースの類の印刷物に対する検閲・調査の特許を得ていた。その地位を利用して『ロンドン・ガゼット』（創刊時は『オクスフォード・ガゼット』）を1665年から発行し，1679年の検閲法の失効後には，二人のプロテスタントの対話の形をとった『オブザベータ』を創刊した。両紙を含め，排除危機期のレストレンジの著作の多くは，やはりフォリオ判で出版された。彼が1679年から81年の3年間に出版した出版物の部数は，総計64,000部とも推定されている（Knights, 1994, p. 167, n. 97. Miller, 1995, p. 366）。

レストレンジは王党派の公式スポークスマンと見られがちだが，必ずしもそうとも言えない。レストレンジの主要な研究者の一人であるゴールディによれば，彼は政治目的のために出版していたシャフツベリのような政治家ではなく，むしろ実際に出版と著述活動によって生計を立てていた人物であるという。国王の庇護は断続的で，著作のほとんども直接的に国王やヨーク公を支持する内容ではなかった（Goldie, 2008, pp. 69–73）。「プレスが彼らを狂わせたのだから，プレスが彼らを再び正しく戻さねばならない。病は伝染する。そして，この世で印刷物だけがこの病気の治療薬となるのだ」とは，『オブザベータ』創刊号でレストレンジが登場人物に語らせる言葉である（The Observator, 1681, p. 1）。状況は，現在のネット上の情報の洪水に似ているのかもしれない。ゴールディは「陰謀事件の信奉は国民的な悪魔憑きであり，レストレンジはその自任エクソシストであった」と評した（Goldie, 2008, p. 67）。ただし，この時代が面白いのは，対抗手段としてのトーリ系パンフレットも，標榜とは裏腹に現代的な意味で「公平」で「合理的」な「真実」を語ろうとはしていないところである。レストレンジのパンフレットは，政治家や宗教家の書く啓蒙的な思想書とは違い，意図的に混ぜた誇張や虚偽が多く含まれる。論争的なメッセージ性を主眼とし，大衆を強く意識した，ラブレー的色彩を放つものであった。

他方で，レストレンジがホウィグと同じく革命の負の記憶を利用していることは，たとえば1678年の著作のタイトル―『専制と教皇主義の見せかけの恐怖のもとで増大する不正行為の報告。1641年と1677年の改革者の手段と構想の相似』―に明らかである（L'Estrange, 1678；Goldie, 2008, pp. 195–196）。さ

らにブルームとレストレンジが合作した 1680 年刊の瓦版『委員会』（図3）は，現在の議会派，すなわちホウィグを革命期の諸セクトたちになぞらえ，それを「教皇主義者の変装」と揶揄する風刺画であった。右上の窓からは教皇が覗き，その下には「厳粛なる同盟と契約」の文字が見える。嘆願する人々や動物の足元には国王の胸像と宝物が転がっている。「41 年が再びやって来る」は，トーリのスローガンでもあった（Miller, 1995, p. 371）。

図3

ホウィグ同様トーリも，議会派によってもたらされた内戦の混乱と国王処刑の陰謀，圧政といった 1640 年代〜1650 年代の負の記憶を念頭におき，排除危機下でのホウィグの活動をその再来として批判した。ポスト宗教改革のポレミカルな構造は持続し，紙上戦は正しい国制，あるいは正しい宗教という，一つしかない「真実」と，それに対抗する「過ち」を退ける二項対立のなかで戦われている。

ここで王政復古期の政治文化の第二の特徴として留意したいのは，革命の過去が，第一にトーリ／ホウィグ両派によって，第二に負の記憶として用いられていた点である。この点で，この時期の言説の枠組みは，1641 年以降のパンフレット合戦と同じ対立構造をとりつつも，内戦を経験する前には存在しえない記憶が介在する新しい構図をなしている。革命の負の遺産は双方向に効果をもった。人々は内戦／革命という多分に論争的な現象の，異なる側面・評価を取り上げて，それぞれに過去の恐怖の記憶をよび起こしながら「避けねばならない未来」の回避を読者に要請した。しかし，双方にとって避けるべき選択肢である直前の過去の体験は，メッセージの意図に関わらず，人々の記憶のなかでどちら側にも連結しかねない。トーリとホウィグは，負の記憶によって狭められた選択肢のなかで陣地を確保しながら相手を追い落とし，最終的には全員で共有すべきはずの「真実」を証明しようとしていた。名誉革命以降に成熟した「公共圏」が確立する時代には，人々はもはや唯一の真実を求め，対立解消をめざ

すのではなく，多様な主張から妥当な事実を判断するようになるというレイクとピンカスが提示する長期的な見取り図は，この議論に一定の見通しを与えてくれる (Lake and Pincus, 2006, p. 284)[6]。

　他方で，ハリスが注意を喚起するように，民衆政治はプレスによって「上から」形を与えられていたわけではない (Harris, 2011, esp., pp. 134, 143)。民衆の政治参加の重要な契機には法の執行が含まれていたが，そこでとくに大きな役割を果たしていたのは上述の大陪審であった。このことは，大陪審の「活躍」がパンフレットで取りざたされるさなかの1680年に，『大陪審の誓約と役職の解説。およびイングランド人の権利の主張。弁護士と大陪審員の対話をとおして』と題されたホウィグ系パンフレットが出版されたこととも符合する (Hawles, 1680)。大陪審は法廷において地域住民の声を代表したが，その職務から，言説空間においても「よき民衆」の声を代表し，また，そうであることを期待された。しかし彼らは，大陪審の理想像に従うよりもむしろ，現実の社会関係のなかで日常生活を生き，その縛りのなかで召喚された法廷において事件を判断し，力を行使したのであった。

5　おわりに ―1641 Depositions と歴史家たち

　2010年10月，1641 Depositions（1641年の証言録）と呼ばれる史料データベースがオンラインで公開された (http://1641.tcd.ie/)。これは，1641年のアルスタ反乱におけるプロテスタント「大虐殺」事件の後に，政府の命令下で集められた約8000件の目撃者による証言録取書 (depositions) のテキストを起こし，デジタル化したものである。プロジェクトは原史料を所有するアイルランドのトリニティ・カレッジ・ダブリンと，イギリスのアバディーン大学およびケンブリッジ大学の共同研究として進められ，現在無料で公開されている ('Eyewittness', 2010; Darcy, 2012. do., 2015)。この史料は，日本史における南京大虐殺／南京事件の問題に匹敵する，論争的な事件にまつわる史料である。実際，プロジェクトの中心を担ったオーマイヤーによれば，1930年代にはアイルランド政府が史料刊行に反対した経緯があった。1641年の「大虐殺」は，17世紀以来，アルスタ地方においてプロテスタント的，ブリテン的な集団的アイデンティティを創造し，維持するうえで重要な役割を果たしてきたからである[7]。プロジェクトのイギリス側責任者モリルはいう ―「しかし我々は，厳密に何が起こったのか，いまだ知らないのである」('Eyewittness', 2010)。

　他方で，17世紀アイルランドをめぐる記憶の困難は，イングランド人と北アイルランドのプロテスタントが「41年」を忘れないのと同様に，アイルランド人は1649年のクロムウェルによるドロエダ／ウェクスフォードの「大虐殺」

を，決して忘れないという矛盾にある。モリルは，19世紀の歴史家T・K・チェスタトンが言った「アイルランド人はそのことを忘れられず，イングランド人はそのことを覚えていられない」という皮肉な状況の解消に，この史料公開が貢献することを祈願している。象徴的なことに，史料公開の公式セレモニーには，当時のアイルランド大統領マカリースと，元北アイルランド第一大臣にして，かつては強硬なユニオニストであったペイズリーが出席した。20世紀末に築かれた北アイルランド問題の平和的解決の基本路線にのって，2011年11月にはイギリス君主のアイルランド訪問が100年ぶりに実現した。両国の新しい関係性が紡がれる21世紀において，オンライン史料公開にかけられた歴史家たちの期待は大きい。

注

1) 議会については，イングランド (1536年以来，ウェールズを含む) 議会はロンドンに，スコットランド議会はエジンバラに，アイルランド議会はダブリンに，各々の選出方法に従って代表が集められ，別々に開催された。宗教的には，イングランドではヘンリ8世を首長とするイングランド国教会が，スコットランドでは長老主義にもとづくスコットランド国教会が，まったく異なる経緯で樹立された。アイルランドにはイングランド国教会を模したアイルランド国教会が導入されたが，これを信奉したのは宗教改革以降のイングランド系入植者を中心とする少数派で，人口の大半を占めるゲール系および宗教改革以前のイングランド系入植者は，依然としてカトリック教徒であった。

2) アイルランドは，ヘンリ8世が王国昇格法 (1541年) によって従来の「アイルランド宗主」から「アイルランド国王」へと改称したことを受けて，イングランド王冠に付随する事実上の「王国」となった (ウェールズは，1536年の合同法によって州としてイングランドにすでに併合されていた)。しかし，ポイニングス法に象徴されるように，アイルランドは王国と呼ばれながらも植民地的性格をもつという微妙な立場にあった。その後，テューダ朝がヘンリ8世の次女・エリザベス1世の死 (1603年) をもって断絶すると，スコットランド国王ジェイムズ6世がイングランド国王ジェイムズ1世として即位し，中世以来，敵対し続けていた両国は同君連合となった。この結果，ジェイムズ6世／1世の息子にして，チャールズ2世の父であるチャールズ1世は，生まれながらにして三つの王冠を一身に継承し，この三重の王冠ゆえに三王国戦争を引き起こすことになる。

3) マンスタは地政学的にフランスからの脅威にさらされやすい位置にあり，周りをカトリックに取り囲まれていることからも，カトリック陰謀の噂に敏感に反応していた。(Gibney, 2009, p. 39)

4) ただし，このような事例は初めてではない。実は内戦前夜のアイルランド総督ストラフォード伯の弾劾裁判も，アイルランドでの罪状をロンドン議会で弾劾するものであった。

5) この時期のロンドン市政の構造については，中野忠1999年を参照。

6) 名誉革命期については，坂下史2014年を参照。

7) 『思想』1063号 (2012年) アイルランド問題特集号も参照。

参考文献

[一次史料]

The Observator (1681) London.

The proceedings of the Old Bailey: London's criminal court 1674–1913 (Online resource)

L'Estrange, Roger (1678) *An account of the growth of knavery under the pretended fears of arbitrary government and popery ...*, London.

Fitzgerald, David (1680) *A narrative of the Irish Popish Plot for the betraying that Kingdom into the hands of the French ... given in to both houses of parliament*, London.

Hawles, John (1680) *The grand-jury-man's oath and office explained*, London.

Howell, T. B. (ed) (1816) *Cobbett's complete collection of state trials ...*, vol. 8, London.

Macnamara, John (1680) *The several informations of John Mac-Namarra ... relating to the horrid Popish plot in Ireland ...*, London.

Temple, John (1679) *The Irish Rebellion*, London.

[二次史料]

Beattie, J. M. (2001) *Policing and punishment in London, 1660–1750*, Oxford: Oxford UP.

De Krey, G. S. (2004/2008) 'College , Stephen (c.1635–1681)', *Oxford Dictionary of National Biography*, Oxford [http://www.oxforddnb.com/view/article/5906].

do. (2005) *London and the Restoration, 1659–1683*, Cambridge: Cambridge UP.

do. (2007) *Restoration and the Revolution in Britain*, Basingstoke: Palgrave Macmillan.

Darcy, E., et. al. (eds) (2012) *The 1641 Depositions and the Irish Rebellion*, London: Pickering & Chatto.

do. (2015) *Irish rebellion of 1641 and the wars of three kingdoms*, Woodbridge: Boydell.

Gibney, J. (2008) 'The memory of 1641 and Protestant identity in Restoration and Jacobite Ireland', in M. Busteed, F. Neal and J. Tonge, eds, *Irish Protestant identities*, Manchester: Manchester UP, pp. 13–27.

do. (2009) *Ireland and the popish plot*, Basingstoke: Palgrave Macmillan.

do. (2013) 'Ireland's Restoration crisis', in T. Harris and S. Taylor, eds, *The final crisis of the Stuart monarchy*, Woodbridge: Boydell.

Goldie, M. (2008), 'Roger L'Estrange's *Observator* and the exorcism of the Plot', in A. Dunan-Page and B. Lynch, (eds) *Roger L'Estrange and the making of Restoration culture*, Aldershot: Ashgate, pp. 67–107.

Hanly, J. (2004/2006, 'Plunket, Oliver [St Oliver Plunket] (1625–1681)', *Oxford Dictionary of National Biography*, Oxford [http://www.oxforddnb.com/view/article/22412].

Harris, T. (1987) *London crowds in the reign of Charles II*, Cambridge: Cambridge UP.

do. (2001) 'Understanding popular politics in Restoration Britain', in A. Houston & S. Pincus, (eds) *A nation transformed*, Cambridge: Cambridge UP, pp. 125–153.

do. (2004/2008) 'Cooper, Anthony Ashley, first earl of Shaftesbury (1621–1683)',

Oxford, *Dictionary of National Biography*, Oxford [http://www.oxforddnb.com/view/article/6208].
do. (2005) *Restoration*, London: Allen Lane.
Hinds, P. (2010) *The horrid popish plot*, Oxford: Oxford UP.
Jones, J. R. (1961) *The first whigs*, Oxford: Oxford UP.
Knights, M. (1993) 'Petitioning and the political theorists : John Locke, Algernon Sidney and London's "monster" petition of 1680', *Past & Present*, 138, pp. 94–111.
do. (1994) *Politics and opinion in crisis, 1678–1681*, Cambridge: Cambridge UP.
do. (2005) *Representation and misrepresentation in later Stuart Britain*, Cambridge.
McElligott, J. (2012) 'The book trade, licensing, and censorship', Laura L. Knoppers, (ed.) *The Oxford handbook of literature and the English Revolution*, Oxford: Oxford UP, pp. 135–53.
Miller, J. (1995) 'Public opinion in Charles II's England', *History*, 80, pp. 359–381.
Lake, P., and S. Pincus (2006) 'Rethinking the public sphere in early modern England', *Journal of British Studies*, 45, pp. 270–292.
Love, H. (2002) "The look of news', in J. Barnard and D. F. McKenzies, eds, *The Cambridge history of the book in Britain, vol. 4: 1558–1695*, Cambridge: Cambridge UP, pp. 652–656.
Raymond, J. (2003) *Pamphlets and pamphleteering in early modern Britain*, Cambridge: Cambridge UP.
Raymond, J. (2011) 'The development of the book trade in Britain', in do., (ed.) *The Oxford history of popular print culture*, vol.1, Oxford: Oxford UP, pp. 59–75.
Peacey, J. (2013) *Print and public politic in the English Revolution*, Cambridge: Cambridge UP.
Peacey, J. (2015) 'Revolution in print', M. Braddick, *The Oxford handbook of the English Revolution*, Oxford: Oxford UP, pp. 276–293.
Scott, J. (1991a) *Algernon Sidney and the Restoration crisis, 1677–1683*, Cambridge: Cambridge UP.
do. (1991b) 'England's troubles: Exhuming the Popish Plot' in T. Harris, M. Goldie, and J. Scott, (eds) *The politics of religion in Restoration England*, Oxford: Oxford UP.
do. (2000) *England's troubles*, Cambridge: Cambridge UP.
Walker, C. (2009) '"Remember Justice Godfrey"', in D. Lemmings and C. Walker, (eds) *Moral panics, the media and the law in early modern England*, Basingstoke: Palgrave Macmillan, pp. 117–138.
'Eyewitness accounts of 1641 Irish rebellion released', 2010 (http://www.cam.ac.uk/research/news/eyewitness- accounts-of-1641-irish-rebellion-released).
岩井淳（2015年）『ピューリタン革命の世界史』ミネルヴァ書房。
岩井淳編（2012年）『複合国家イギリスの宗教と社会』ミネルヴァ書房。
岩井淳・指昭博編（2000年）『イギリス史の新潮流』彩流社（とくに第3章，第4章）。
大野誠編（2009年）『近代イギリスと公共圏』昭和堂。
ミホル・オショクル（堀江洋文訳）（2012年）「17世紀中期アイルランドにおける戦争と和平」『思想』1063号，116〜139頁。
Odysseus（東京大学大学院総合文化研究科地域文化研究専攻紀要）別冊1（2009年）〈シ

ンポジウム：ヨーロッパ近世における 1680 年代の再検討〉．
勝田俊輔 (2002 年)「名誉革命体制とアイルランド」近藤和彦編『長い 18 世紀のイギリス』山川出版社, 150–174 頁．
香内三郎 (2004 年)『「読者」の誕生』晶文社．
後藤はる美 (2012 年)「17 世紀イングランド北部における法廷と地域秩序」『史学雑誌』第 121 編第 10 号, 1〜36 頁．
同 (2015 年)「『考えられぬこと』が起きたとき」近藤和彦編『ヨーロッパ史講義』山川出版社, 107〜125 頁．
近藤和彦 (2013 年)『イギリス史 10 講』岩波書店 (とくに第 5 講)．
坂下史 (2014 年)「名誉革命史と「言説空間」の位置」富樫剛編『名誉革命とイギリス文学』春風社, 17〜64 頁．
『思想』1063 号 (2012 年) アイルランド問題特集号．
ノーマン・デイヴィス (2006 年)『アイルズ』別宮貞徳訳, 共同通信社 (とくに第 8 章)．
中野忠 (1999 年)「王政復古期以降のロンドン社会」イギリス都市・農村共同体研究会編『巨大都市ロンドンの勃興』, 101〜135 頁．
トビー・バーナード (2015 年)「復古か刷新か」那須敬訳, 西川杉子編『オックスフォード　ブリテン諸島の歴史　7』慶應義塾大学出版会, 155〜198 頁．
J・G・A・ポーコック (2013 年)『島々の発見』犬塚元監訳, 名古屋大学出版会 (とくに第 5 章)．
ジョン・モリル (2004 年)「17 世紀ブリテンの革命再考」富田理恵訳, 『思想』964 号, 52〜75 頁．
ジョン・モリル (2012 年)「17 世紀―アイルランドの困難の時代」後藤はる美訳, 『思想』1063 号, 94〜115 頁．
ジョン・モリル (2015 年)「聖者と兵士の支配」那須敬訳, 西川杉子編『オックスフォード　ブリテン諸島の歴史　7』慶應義塾大学出版会, 111〜152 頁．
山本正 (2002 年)『王国と植民地』思文閣出版．

＊　＊　＊

図 1: 教皇主義の王位継承者の展望 (ロンドン, 1681 年)
　　© The British Museum/ AN1636680001
図 2: 教皇, 枢機卿, イエズス会士, 修道僧, 修道女の厳粛なる疑似葬送行列 (ロンドン, 1680 年)
　　© The British Museum/ AN333648001
図 3: 委員会, あるいは教皇主義者の変装 (ロンドン, 1680 年)
　　© The British Museum/ AN522871001

シェイクスピア

『ロミオとジュリエット』、『ハムレット』などの作品で知られるシェイクスピア William Shakespeare（1564-1616）はエリザベス1世 Elizabeth I の時代を代表しているだけではなく、英文学全体を代表する劇作家、詩人である。

『ロミオとジュリエット』は家同士が犬猿の仲にある男女の恋物語で、2人の死によって悲劇的な結末を迎える。劇としての上演だけではなく、オペラや（シャルル・フランソワ・グノー作曲）、バレエとして（プロコフィエフの音楽、ケネス・マクミラン、ルドルフ・ヌレエフ等による振付）、また映画としても（下記にいくつかの作品をあげる）、シェイクスピアの死後400年を経た今日、世界中で上演されている。

映画　1954年　監督：レナート・カステラーニ
　　　　　　　出演：ローレンス・ハーヴェイ、スーザン・シェントル
　　　1968年　監督：フランコ・ゼフィレッリ
　　　　　　　出演：レナード・ホワイティング、オリビア・ハッセー
　　　1996年　監督：バズ・ラーマン
　　　　　　　出演：レオナルド・ディカプリオ、クレア・デーンズ

『ソネット』の詩集の中にシェイクスピア自身が書いているように（"人が息をし、目が見える限り／この詩は生き、君に命を与え続けていく"）、時代を越えて彼の世界観は人々の心を揺さぶり続けているのである。

ディカプリオがロミオを演じた映画は車、オートバイ、防犯カメラのセキュリティー付きの家など、現代に作品の舞台を移している。しかし、俳優たちの科白はオリジナルのシェイクスピアの言葉である。又、音楽だけで言葉のないバレエの作品においても、若い恋人たちの心情は切々と観客に伝わるのである。

日本の作品に『妹背山婦女庭訓』がある。その中にやはり、家同士が仲たがいしている男女の恋のモチーフが現れる。『ロミオとジュリエット』の世界には時空を越える永遠不変のテーマが描かれている。シェイクスピアは、イタリアに伝わる話をもとに、この作品を書いた。イタリアのベローナの街には今でもジュリエットのバルコニーがあって、恋を相談する手紙が世界中から届くのである。

2015年の夏、ベローナの街で、この『ロミオとジュリエット』が上演されたと聞く（Il Ritorno "Live" di Romeo e Giulietta）。街全体がストリートパフォーマンスによって、シェイクスピアの舞台になってしまったのだ。2015年秋には王位篡奪のテーマを扱ったシェイクスピアの悲劇『マクベス』が、蜷川幸雄演出により、日本の戦国時代に舞台を移して蘇る。

言葉による想像力というか、想像の高みへと誘う言葉の底力を、私たちに強く感じさせてくれるのがシェイクスピアなのである。

（近藤裕子）

第3章　18世紀における意識の転換
――ポープとモンタギュ夫人再考――

近藤　裕子

1　はじめに

　2014年，第41回の日本賞のグランプリに輝いたのはイギリスの「"自然と遊ぼう！"大作戦」であった[1]。かつて自分は自然のなかでのびのび遊んでいたのに，今の子供たちはゲームやＰＣなど屋内の遊びに夢中で，それが肥満など子供の健康を蝕むことにもつながっている。ある1人の父親が子供を外で遊ばせるキャンペーンに乗り出すというドキュメンタリー・フィルムである。イギリスと言えば，ロマン派，またイングリッシュガーデン，風景式庭園など，外の自然を愛好する国民性のイメージが強い。子供たちの意識を外の自然へ改めて向かわせるためのキャンペーンと聞いて，意外性を感じるとともに時代の変化を感じた。

　いわゆる自然（nature）の言葉が指し示している範疇は広い。人間性（human nature），古典に基づく規範（お手本）としての自然，人間をとりまく環境としての自然など。ここでは環境の意味で外の自然とした。

　自然を愛好する国民性と述べたが，この外への意識，自然への意識に大いに目覚めるのは18世紀古典派からロマン派への変遷の時代である。18世紀前半の古典派の詩人であったアレグザンダー・ポープ Alexander Pope（1688–1744）は，風景式庭園の概念をトゥイッケナムの自分の庭において実践したことで知られている。

　また一方で18世紀は貴族たちがその子弟をヨーロッパ大陸に行かせて学ばせるグランドツアー（Grand Tour）も流行した。人生の後半の20年余りもイタリアに移り住んだモンタギュ夫人 Lady Mary Wortley Montagu（1689–1762）にとってはトルコ大使になった夫 Edward Wortley Montagu（1678–1761）とともにコンスタンチノープルに赴いた旅が，彼女にとってのグランドツアーになったと考えられる。もちろん彼女自身の性格によるところも大であったと思われるが，アジア，イスラムとの接点となるかの地に暮らした経験が，異文化に対する眼を開かせることとなる。彼女の書簡のうちこの時期のものは"Embassy Letters"として知られている。

　女性が政治に参画できる時代は20世紀を待たねばならないが，彼女はホイッ

グ（Whig）党の政治家であった父親ピアパント Evelyn Pierrepont（the 1st Duke of Kingston-upon-Hull）がドーチェスター（Dorchester）侯爵となったころ（1706 年）から，その手助けをして Kit Kat Club など，父親の交友関係の輪の中に身をおくようになった。その後，王室，またジョージ 2 世 George II の玉璽尚書（Privy Seal）となる友人，ジョン・ハーヴィー Lord John Hervey（1696–1743）とのつながりなど，政治に関わる分野に彼女の関心は拡がっていく。また彼女の娘 Lady Mary Bute（1718–94）は首相夫人になった。

モンタギュ夫人の未知なる新しいものに対する興味は，外へと活動の場を拡げていく近・現代の女性たちの意識につながっていくと考えられるのである。

本章ではポープとモンタギュ夫人を手掛かりとして，近・現代へと展開していく土台の，18 世紀イギリスにおける意識の変化・転換の一端について考察することにしたい。

2　ポープと風景式庭園

ポープは『ガリヴァー旅行記』*Gulliver's Travels*（1726）で知られるスウィフト Jonathan Swift（1667–1745）の親しい友人であった。ガリヴァーの諷刺は普遍的な要素があり，現代にも痛烈に響く作品であるが，ポープの諷刺は『愚物列伝』*The Dunciad*（1743）にみられるように，同時代の三文文士たちをこっぴどく打ちのめすような時代性の強いものが多かった。ポープ自身は個人攻撃の形をとる諷刺でないと，共同責任は無責任のように，読者に響いて襟を正させるものにはならないと，友人の医師アーバスノットへの手紙（1734 年 8 月 2 日付，Sherburn）の中で説明している。

この章ではポープの自然観を取り上げるため諷刺の問題には深入りしないことにする。ポープは〈自然（nature）〉ということばをさまざまなレベルで用いた。初期の作品『批評論』*An Essay on Criticism*（1711）では，自然の正しい基準は常に変わることがなく，この基準（methodical nature）に則って判断力を養成することを勧めている。またギリシア・ローマの古典の世界には真実が表わされているので，古典の模倣が自然の模倣と同一であると説く。『人間論』*An Essay on Man*（1733–34）においては，ポープは人間の本性に関連して human nature の語を用いている。

本考察と関連しているのは外なる自然（external nature）である。ポープは古代ギリシアのホメーロスの叙事詩，『イーリアス』と『オデュッセイア』を翻訳すること（1715–20 / 1725–26）によって，当時の文学者としては稀とも言える経済的自立を得ることができ，ロンドンからみてテムズ川の上流にあたるトゥイッケナムの地に住んだ。この地に造った庭が，フランスのヴェルサイユに代

表される整形式庭園とは異なるイギリス風景式庭園の初期段階とみなされている。またポープの庭関連の意見はイギリスの庭園様式，風景式の確立を推し進めることになった。

　イギリスの古典派（擬古典派）は 17 世紀におけるフランスの古典派と同じものではなく，ロマン派の要素も含んでいるのである。ここではポープの外なる自然に対する態度を検証していく。ポープの庭園観は *An Epistle to Lord Burlington* (1731) の中の "地霊に従え" という言葉に集約されている。

　　　建てるにしても植えるにしても，何を意図しようと，
　　　柱を立てるにも，また弓形アーチをどのように曲げようと，
　　　壇をどのように盛り上げようと，また洞窟を掘ろうと，
　　　とどのつまり，自然を忘れることのないように。
　　　………（中略）………………………………………
　　　その土地の地霊に従うのだ。　　　　　(ll. 47–50, 57)[2]

　トゥイッケナムのポープの家はロンドンからハンプトン宮殿に向かう道の途中に位置していた。敷地内を公道が走っていたため，庭はテムズ川に面した部分と公道の反対側とに分断されていたが，公道の下を通る通路（洞窟）で繋がっていた。もちろんポープは貴族ではなかったので，敷地も広くはなかったが，テムズ川，地下通路，庭をうまく調和させていた。ポープの地下通路の建造時期が『オデュッセイア』のカリュプソーの洞窟場面を訳していた時期に重なるとして，マックはその因果関係を指摘している (Mack, 1969, p. 51)。カリュプソーの洞窟は至福の楽園・楽土を意味する喜びと幸福に満ち溢れたものである。

　古来，洞窟はさまざまに解釈されてきた。彼岸（地下世界）への入口，母の胎内（子宮）回帰を想起させるところ，ニンフたちの住処，また瞑想を行う場所として。テムズ川に面した前庭と本格的な（公道の向こう側の）庭をつなぐ地下通路には，その両側に扉があった。そこには一種の舞台装置的な意味も見いだせる。1つの扉のみを開放することもできるが，両方の入口を閉じることも可能である。明と暗は光と闇の世界である。

　ポープは洞窟の光と闇について，1725 年 6 月 2 日付のブラント Edward Blount 宛ての手紙で Perspective Glass（望遠鏡），Camera Obscura, Looking-glass（鏡）の語を使って，その様子を伝えている。両端 2 つの入口から，洞窟のトンネルを望遠鏡代わりにしてそれぞれ反対側の景色が眺められる。入口を両方共閉めてしまうと，「たちまちに明るい部屋（luminous Room）から暗い部屋（*Camera obscura*）になり」，外の景色が動画となって洞窟内部の壁に

映写されるという (Sherburn, II, pp. 296–97. Cf. Batey, p. 58. 近藤裕子, pp. 163–69)。また扉を閉めたまま, 洞窟内で明かりをともせば, 壁にはめ込まれた貝殻や鏡の小片がきらきらと輝き出す。カメラ・オブスクーラの意味は文字通りであれば暗い部屋であるが, 小さな隙間から入る外光が洞窟内部の壁面 (スクリーンとなる) に像を写しだすという光の性質をポープは理解していたのであった。

ポープと交友関係にあったバーリントン伯爵 the 3rd Earl of Burlington (Richard Boyle, 1694–1753) はチズィック (Chiswick) に新しい館を建てた。イタリアで伯爵に見いだされ, その建築・造園の協力者となったケント William Kent (1685–1748) がポープの庭 (洞窟前) の絵を残している[3]。Shell Temple と呼ばれたものの奥に洞窟の入口が見え, 遠くテムズを行く舟も見えている。右手前には後ろ姿のケントとポープが立っていて, 歩み寄るポープの愛犬, グレート・デーンの Bounce の姿も描かれている。ポープの庭は当時, 貴族たちの関心を集め, 1735 年にはフレデリック皇太子 Frederick (1701–51) も訪れるほどの評判となった (Batey, p. 59)。

ポープが生まれた 1688 年は名誉革命 (Glorious Revolution) の年で, オランダからオレンジ公夫妻がウィリアム 3 世, メアリ 2 世として即位した。イギリスは 3 次にわたってオランダとの戦争を経験 (Dutch War; 1652–54, 1664–67, 1672–74) していたが, 絵画や庭園技法における大陸側からの影響もあった。当時, オランダは庭園技法に優れており, 小規模なフランス式の整形式庭園がもたらされ, 17 世紀後半から 18 世紀にかけてイギリス庭園の主流になったのである。

特に古代ローマ以来の伝統的な造園技術であった〈装飾的な刈り込み〉(topiary) に対しては, ポープはアディソン Joseph Addison (1672–1719) と同じ歩調で, トーピアリ反対の立場をとった (The Guardian, No. 173, Sep. 29, 1713)[4]。樹木を人工的にさまざまな形に刈り込むことは自然本来の姿ではないと考えていたためである。ルイ 14 世 Louis XIV (在位 1643–1715) がヴェルサイユの左右対称の整形式庭園において, 王権のもとに自然をも従わせていた立場とは大きく異なるものである。ポープのトーピアリ反対の立場は先に述べた"地霊に従え"という姿勢と合呼応するものであった。

秩序, 規則性の枠に押し込めないところに真の美があるという見方もここから生まれてくる。ポープはディグビー卿の庭が不規則 (Irregularity) なるがゆえに美しいと述べている[5]。

イギリスの風景式庭園であっても, 庭園として仕立てるからには, ありのままの自然をそのまま放置するというわけではなく, そこにはもちろん, 人間の

手が加えられている。地霊（Genius of the Place, genius loci）を考慮しての庭づくりということには，完ぺきさを極める人工的な美ではなく，素材として本来の自然に備わっている美を尊重するという精神が見いだせる。

　ポープはジャーバス Charles Jervas, or Jervis (c.1675–1739) の下で絵を学ぶ機会があったが，そこで見苦しいもの不快なものの中に美があることにも気づかされたのである（John Gay 宛の 1713 年 8 月 23 日付の手紙）。古典派といわれたポープであるが，フランスのそれとは異なり，ロマン派につながる共通の要素をイギリスの古典派はもっていたと考えられる。

　ポープはトゥイッケナムに移る前に『ウィンザー・フォレスト』*Windsor-Forest* (1713) を書いた。その中には水面に映る風景描写がある。（1751 年以降の版）

　　物思いにふける羊飼い，その水鏡をしばしば見入る
　　さかさに映る山々，また下に映る空，
　　つりさがった林の水ににじんだ景色，
　　ぼんやり映る木々は水のなかで震え，
　　澄んだ青色の煌めきのなかに，ヒツジの群れがいる
　　そして，水に浮かぶ森林は波を緑色に描くのだ。　　　　(ll. 211–16)[6]

実景，実在の風景の美しさを単にたたえるとらえ方ではなく，水にうつるその陰までが，ここでは美の対象となっている。これはロマン派，また後世の印象派に近い立場であると考えられる。

　ゲニウス・ロキの美学は，イタリア出身の若者にも影響を与えることになった。アルガロッティ Francesco Algarotti (1712–64) はヴェネツィアの出身であったが，イギリスの若者たちがグランドツアーでイタリアに向かったのとは逆方向，イギリスへ彼自身のグランドツアーを行った。そこで風景式庭園の美学と出合い，後年，彼が仕えたプロイセンのフリードリヒ II（大王）Friedrich der Große（在位 1740–86）にも，フランス式庭園とは異なる新しい庭の美学を伝えたのであった。アルガロッティは晩年母国イタリアに戻ってから『オペラ論』(*Saggio sopra l'opera in musica*, 1755 / 1762) を書いたが，その舞台美術（背景）の項目の中で，ポープが重要視したゲニウス・ロキを大切にする精神―フランスの整形式庭園の理想とは異なる，非対称で変化を重んじる―を採用することを薦めたのであった。アルガロッティは中国とイギリスが自然を重んじる姿勢であると言う。

[庭をつくるにあたり，シナの] 人々は自然を案内人とする。自然がみごとに規則性を無視し，変化を選んでいることをしっかり模倣するのである。(中略)
　イギリス人は中国人から現在の庭園センスを引き継いだのだ。[フランスの] ル・ノートルはこれまで比類なき作庭家とみなされてきたのであるが，今やケント，チェインバースに越えられてしまった。イギリス中のヴィラからフランス流の規則性は追放されてしまっているのだ。

(Algarotti, pp. 81–82)

　この『オペラ論』は英語 (1767) 以外にドイツ語 (1769)，フランス語 (1773)，スペイン語 (1787) と各国語に訳されて注目を集め，その後のオペラ界に大きな影響を与えることとなる。
　イギリスの風景式庭園は上述のケント，またその後ブラウン Lancelot Brown (1716–83，通称 Capability Brown として知られる) らによって，さらに発展を遂げていく。

3　モンタギュ夫人の外なる世界に対する眼

　モンタギュ夫人といっても bluestockings (ロンドンの文学愛好家のグループ) を代表したエリザベス・モンタギュ Elizabeth Montagu (1720–1800) とは違う，モンタギュである。女性の地位がまだ認められていない時代に政治の世界やまた異文化圏に対して，行動力に裏打ちされた興味を示した女性であった。
　彼女の行動力を示す例の 1 つとして天然痘 (smallpox) の予防接種が先ずあげられる。彼女はトルコで行われていた方法をイギリスに導入しようと試みたのである。種痘は 18 世紀末になってジェンナー Edward Jenner (1749–1823) がその医療方法を確立するが，モンタギュ夫人のころは，イギリスでは危険な予防法と考えられ，受け入れられる状況にはなかった。彼女は自分の子供たちに (息子にはトルコで，娘にはイギリスで公開のもとに) 予防接種を受けさせ，当時の皇太子妃，キャロライン Princess Caroline (1683–1737) はこれにならって，その子供たちにも受けさせたのであった。モンタギュ夫人は自身が天然痘に罹ったこともあり (1715 年)，また弟もこの病で亡くしていた。天然痘を単に恐ろしい病気として認識するだけでなく，その予防に取り組もうとした姿勢には彼女の実務的側面，また行動力が現れている。
　モンタギュ夫人はポープの友人の一人であった。のちに犬猿の仲となり袂を分かつことにはなるのだが，彼女が夫とともにトルコに赴任したころは，手紙

のやり取りをしていた。モンタギュ夫人はトルコからの便りで，かの地の庭の様子などもポープに伝えていた。

　トルコへの旅は彼女にとってのグランドツアーともいえる旅となった。1716年8月，トルコ大使に任命された夫とともにイギリスを出発する。トルコへすぐに直行したわけではなく，オランダ，オーストリアを経て，ハンガリーの平原を越え，トルコ領のベオグラードに到着したのは1717年2月であった。その後，当時トルコの宮廷があったアドリアノープルを経て，コンスタンチノープルに滞在した。

　トルコは1683年ウィーンを包囲し，1699年のカルロウィッツ条約で和平を結ぶが，1716–18年にかけてオーストリアと交戦状態にあった。オーストリアはヴェネツィア共和国を助けて，トルコと戦争していたが，イギリスはオーストリアの介入を好まず，和平仲介の名目でモンタギュ大使を派遣したのであった。

　結局この仲介は失敗し，大使はその任を解かれることになる。1718年7月，コンスタンチノープルを出発，トロイ，カルタゴを経てジェノアで船を降り，トリノ，リヨン，パリを経て1718年10月ロンドンに帰着した。この旅でモンタギュ夫人はオーストリア，トルコ，フランスの華やかな宮廷生活だけでなく，戦場の雰囲気も体験していた。下記の手紙はモンタギュ夫人がハンガリーの戦場を通過した際，ポープに送ったものであり，死の意識が感じられるものとなっている。

　　　私は友人たちにいとまごいしなければいけないと思います。難局にあたるかのごとき厳粛さをもって。（中略）私には凍え死んで雪に埋められる怖さとともに，これから通過していくハンガリーの地を荒らしまわる，タルタル人たちに連れ去られてしまう恐怖も感じています。　　（16 Jan，1717）[7]

　またこの旅ではトルコ語を勉強して詩を訳したり，またハーレムを訪問する特権を認められて，ヴェールの下でトルコ女性たちがいかに自由に振舞っているか，といった観察をするなど（Cf. Halsband, [1956], pp. 70–71），未知なるものに対して果敢にその知識欲を拡げていたのであった。

　ポープはカトリック教徒であり，ホイッグ派であったハーヴィーやモンタギュ夫人とは政治的な立場が異なっていた。ハーヴィー卿はウォルポール Robert Walpole (the 1st Earl of Orford，首相 1715–17，21–42) 政権の強力な支持者であり，また王妃キャロラインに対しても大きな影響力をもった人物であった。モンタギュ夫人はハーヴィーとともにパンフレット活動などでウォルポール政権を支持し，政敵と対峙する立場に常に，身を置いていた。ハーヴィーと

は終生，友人関係にあって，対等の立場で論じ合える同士でもあったと考えられる。そのようなモンタギュ夫人の様子は，ハーヴィーの次の手紙に伺い知ることができる (Earl of Ilchester, p. 127)。

> 先日の手紙を書いていたとき，メアリ夫人はずっと私の傍らにいて，ずっと早口で，また大きな声で話し続けていました。あなたが手紙の内容を理解できなくても驚きはしません。私自身，何を書いたか理解できないのですから。いったい何についてのことだったのか，忘れてしまいました。たぶんわけのわからないことだったのでしょう…
> (To Stephen Fox, 25th December, 1731)

また後年 (50歳の年に)，モンタギュ夫人は前段のアルガロッティを追いかけてイタリアへと旅立った。1739年7月にロンドンを出発し，1762年1月 (死を迎えるその年に) イギリスに帰国する。この旅ではアルプス越えも再び経験している (1739年と1741年)。実はトルコへの旅の帰途，1718年にアルプスを越えた経験があり，そのときの様子は以下の手紙に綴られている。

> 万年雪をかぶった素晴らしい山の眺め。雲は足元はるか下にかかっていて，多くの滝が騒々しい音をたてながら岩の上を落ちていきます。この寒さがもう少しゆるんでいれば，もっと楽しめていたことでしょう。絶え間なく降り続ける霧雨が，身体をつつんでいる厚手の毛皮も通ってしまうので，日没後2時間ほど経って山の麓に着くころには，寒さでもう半分死んだような感じでした。
> (To [Anne] Thistlethwayte; from Lyons, 25 Sept., 1718)

アルプス越えは1764年においてもなお，以下の文章にみられるように，大変な冒険だと受けとめられていたので，モンタギュ夫人の旅がどれほど大変なことであったのか，容易に推察されるのである。

> キャロライン [レノックス] は本で読んだ国々を見て回りたいと思っていた。しかし旅の長さ，また特にアルプス越えは心配の種であった。それまでアルプス越えの冒険を行ったイギリス人女性はわずかだったからである。ただ，メアリー・ワートリ・モンタギュ夫人がチェニスをフランス側からイタリア側へと1739年9月に越えた話はよく知られていたのである。
> (Tillyard, p. 253)

Castle Howard

シェイクスピア

Castle Howard の庭

オックスフォードのパブ

イギリスのコイン 1ペンスから2ポンドまで

イタリアにおいてはユトレヒト条約（1713）と翌年のラシュタット条約以降，スペインに代わって，ハプスブルグ家が勢力を伸ばしていた。当時のイギリスの外交政策はブルボン家とハプスブルグ家の勢力均衡をはかることにあった。18世紀のヨーロッパではポーランド継承戦争（1733–35），オーストリア継承戦争（1740–48），七年戦争（1756–63）などの戦争が続き，各国の利害は衝突していた。イギリスにとっては大陸に亡命中のスチュアート家の動向も気がかりであった。モンタギュ夫人がイタリアに滞在していた当時，ヴェネツィア，フィレンツェ，ナポリには領事，公使が派遣されていた。1739年，彼女がイタリアに旅立った年，影響力に揺るぎがみえ始めていたウォルポール政権は，開戦派に押し切られスペインと戦端を開いた。

　このような状況下においても，夫人とヴェネツィア駐在のスペイン大使夫妻との交友関係は続いていたのであった。グランドツアーでイタリアにやってくるイギリス人も彼女のところを訪れた。モンタギュ夫人は夫エドワードとも相談の上，自らの立場を利用して，情報をイギリスに送ることにしたのである。手紙を開封されることを想定するほどの用心深い態度を手紙から伺うことができる。ただ，ウォルポールは情報の提供に積極的ではなかったため，夫人の情報提供は夫やハーヴィー卿など私的な間柄の人々に終始したと考えられる[8]。政治・外交の世界で情報がいかに重要であるかを，政治に関するパンフレットをハーヴィー卿とともに書き，また大使夫人としてトルコにも赴いた夫人は十二分に理解していたからである。当時，ヴェネツィア共和国は政府高官が諸外国の高官たちと接触することを制限していたので，夫人の自由な立場は情報収集の面では有利なものであったと思われる。のちにアヴィニョンでは，イギリスのスパイと噂されたこともあった[9]。イギリスとの遣り取りの多さ，また政治に対する関心の高さは回りの注目を集めるものであったと推測できるのである。

　〈たられば〉は歴史を考える上でもちろんタブーであるが，もし彼女が20世紀，現代に生きていたならば，間違いなく政治家となり，党首，首相の道を志していたかもしれない。彼女の娘，メアリーは首相夫人となった。モンタギュ夫人の，政治と第一線で関わりたいという気持ち―政治的野心と呼びうるもの―は娘によって間接的に実現されたともいえるのである。息子のエドワードはEdward Wortley Montagu, JR (1713–76) はメアリーとは異なり，母親からその自由奔放な精神を受け継いだ。学校を飛び出て外国に行き，重婚罪や賭け事，また盗みなどの罪で捕えられたこともあり，イタリアで客死したのであった。

　モンタギュ夫人の孫娘のルイーザ Louisa Stuart (1757–1851) は祖母のような人になってはいけないと言われて育ったという（Cf. Halsband, [1956],

p. 280. Halsband, [1977], p. 6）。自分の夢というか，自己実現の決意，その実行力は周囲の人々を振り回すだけのものであったのかもしれない。しかしモンタギュ夫人の行動力，果敢なチャレンジ精神は，21世紀の現代における，自分の道を切り開く強さをもった女性たちへと，確実にその遺伝子は受け継がれていくことになるのである。

4　おわりに

　名誉革命後にはオランダから，またアン女王 Anne のあと王統が途絶えてのち，ハノーヴァーから国王 George I を迎えたイギリスは，宮廷文化などに関して，大陸からの影響を受ける 受け身の立場に置かれていた。貴族たちがその子弟をグランドツアーと呼ばれた，大陸への勉強に送り出したのも，先進的な立場の大陸から学ぼうとした姿勢に他ならない。

　しかしながら，風景式庭園にみられる精神は，逆にイギリスから大陸側へと影響を発信できる美学・文化となった。イギリスが独自の美意識に誇りをもち，イギリスらしさを全面に押し出した姿勢の1つであったと考えられる。18世紀後半の産業革命を経て，7つの海を支配し世界中に植民地をもつ大英帝国へと発展していく土台・基礎になったのである。

　ポープもモンタギュ夫人も，その精神，心意気で時代を先取りしていたと考えられるのである。

注

1)　日本賞は NHK が主催する，教育コンテンツの国際コンクールである。第41回には62の国と地域から320件がエントリーした。グランプリに輝いたこの作品はグリーン・ライオンズ，イギリスドキュメンタリー財団（BRITDOC）が制作したもの。

2)　To build, to plant, whatever you intend,
　　To rear the Column, or the Arch to bend,
　　To swell the Terras, or to sink the Grot;
　　In all, let Nature never be forgot.
....
　　Consult the Genius of the Place in all;
　Pope の作品の引用はすべて Butt 編纂の全集によるものとする。引用末尾の（　）内にその行数を記す。

3)　Cf. Mack, [1985], p. 363. ケントがこの絵を描いたのは1725-30年頃である。ポープはケントと終生，親しく，ケントが造ったラウシャム（Rousham）の庭にはポープの庭園観が反映されているといわれている（Jourdan, pp. 23, 41.）。

4)　Ault, p. 148. アディソンは *The Spectator*, No. 414, June 25, 1712 の中でトーピアリに反対の立場を表明している（Bond, pp. 552-53）。

5)　"The Gardens are so Irregular, ... Their beauty rises from this Irregularity, ..."（Martha Blount 宛の1724? 年6月22日付の手紙）。

6) Oft in her Glass the musing Shepherd spies
　The headlong Mountains and the downward Skies,
　The watry Landskip of the pendant Woods,
　And absent Trees that trembles in the Floods;
　In the clear azure Gleam the Flocks are seen,
　And floating Forests paint the Waves with Green.
7) Halsband, [1965]. 以下夫人の手紙の引用はこの版による。
8) 1739年11月1日付の夫人から夫への手紙，及び1740年1月1日付の夫からの手紙。Cf. Halsband, [1956], p. 193。
9) Halsband, [1956], p. 227. 当時ジャコバイト派がアヴィニョンには多くいたので，1745年の蜂起前後はイギリス政府，ジャコバイト双方共，神経を尖らせていたのである。

参考文献

Algarotti, F. (1767), *An Essay on the Opera written in Italian by Count Algarotti,* London: L. Davis and C. Reymers.
Ault, Norman (ed.) (1936), *The Prose Works of Alexander Pope* (vol. I), Oxford: Basil Blackwell.
Batey, Mavis (1999), *Alexander Pope: The Poet and the Landscape,* London: Barn Elms.
Bond, Donald F. (ed.) (1965), *The Spectator* (vol. 3), Oxford: Clarendon Press.
Butt, John (ed.) (1939–69), *The Twickenham Edition of the Poems of Alexander Pope,* (11 vols.), London: Methuen.
Earl of Ilchester (ed.) (1950), *Lord Hervey and his Friends 1726–38,* London: John Murray.
Halsband, Robert (1956), *The Life of Lady Mary Wortley Montagu,* Oxford: Clarendon Press.
do. (1965), *The Complete Letters of Lady Mary Wortley Montagu,* (3 vols.), Oxford: Clarendon.
do. and Isobel Grundy (eds.) (1977), *Lady Mary Wortley Montagu: Essays and Poems and Simplicity, a Comedy,* Oxford: Clarendon.
Jourdan, Margaret (1948), *The Work of William Kent,* London: Country Life Ltd.
Mack, Maynard (1969), *The Garden and the City: Retirement and Politics in the Later Poetry of Pope 1731–1743,* Toronto: Univ. of Toronto Press.
do. (1985), *Alexander Pope: A Life,* New Haven: Yale U.P.
Sherburn, G. (ed.) (1956), *The Correspondence of Alexander Pope,* (5 vols.), Oxford: Clarendon.
Tillyard, Stella (1994), *Aristocrats: Caroline, Emily, Louisa and Sarah Lennox 1740–1832,* London: Vintage.
近藤裕子 (2002年),「Camera Obscuraをめぐる一考察 ―ポウプとアルガロッティ」『経済論集 (東洋大学)』，第27巻1・2号合併号。

イギリス風景式庭園

　チェルシーのフラワーショーは，造園家が作庭術を競う大会としても有名であるが，書店の棚で見られる黄色のＮＧＳの小冊子（The National Gardens Scheme）も庭園愛好家が毎年心待ちにしているものである。審査に通り，一般公開されることになる個人の庭のリストである。アマチュアの園芸家にとっては，自分の丹精した庭が評価されたという誇りの証しとなっている。"An Englishman's home is his castle."と言われるが，イギリス人から"How about coming to my garden?"と言われたら，先ずは行くと返事をしなさいと，その昔，イギリス人の英語の先生に聞いた覚えがある。それほどイギリス人にとって，庭は大事なところなのだと強く感じた。

　ルネッサンス発祥の地のイタリアは，山がちな国土を活かして，テラスなどの壇，流れ下る水，滝を庭に取り入れた。絶対王政のフランスでは，ルイ14世のヴェルサイユ宮殿に象徴されるように，左右対称の整形式庭園の様式が確立し，ヴェルサイユ宮殿の壮麗さとともにヨーロッパ中に広まった。ポンプで水をくみ上げ，500もの噴水をつくることは，まさに我が意のもとに自然を従わせたいという太陽王の威光，権力を誇示している。

　ルネッサンス以降，大陸に遅れをとっていたイギリスは，18世紀にこれこそイギリスという庭を創り上げる。ヴェルサイユとは異なる，非整形式，イギリス風景式庭園と呼ばれるものである。ケント，ブラウンらによって発展をとげるが，ロマン派の動きとも相呼応し，自然本来の美に着目した。このイギリスの庭には，中国に派遣されていたイエズス会宣教師らがヨーロッパに伝えた，中国の庭，また山水画に描かれる世界観の影響もあったと考えられている。また一方で，グランドツアーなどで大陸に向かった人々による，アルプス越えという，自然の崇高な美の実体験が，その美学の根底になっているともいわれる。

　整形式と風景式について改めて考えてみると…広い館の窓を開けると，目の前にまっすぐに水路が延び，それを挟んで左右に同じような樹木が植えられている景色。もう一方は，窓の向こうにまるで風景画のような景色が広がり，遠くにひつじの群れが食んでいる。このひつじ，しかしながら，決して窓の下までやってくることはない。というのもハーハと呼ばれる空堀が柵の役目を果たしているからだ。

　自然を模倣する庭という概念こそが，究極の人工美との解釈もある。秘密の庭とも称される閉じられた庭，白などの色にこだわる庭，またキッチンガーデンなど，庭については枚挙にいとまがない。イギリス人にとって庭は欠くべからざる生活の一部になっているのである。

　　　　　　　　　　　　　　　　　　　　　　　　　　　　　　（近藤裕子）

第4章　18世紀イギリス社会における消費批判とジェンダー
　　　　　　―反フランス感情の背景―

道 重　一 郎

1　はじめに

　18世紀という時代は現代イギリスの形成期であり，イングランドを中心に17世紀の政治的混乱を収拾し，スコットランドとの合邦を果たしてブリテン島を一つの国家としてまとめ上げた時期である。この時代の社会は，商工業者を中心とする中流階層が成長を見せ，多様な消費財が各社会層に浸透して消費文化が拡大した時期でもある。18世紀の消費拡大は国内市場の成長を促し，産業革命へとつながる経済発展の一要因とも考えられる。他方で，この時代の風刺画にしばしば見られるように，奢侈的な消費の拡大に対する批判も激しいものであった。イングランドでは奢侈禁止法が17世紀初めには廃止されており，その点では一般に消費に対して寛容であったが，奢侈的な消費への批判は18世紀においても一貫して繰り返されている。いわゆる奢侈論争とも言われるなかでの消費批判である（草光俊雄 2014）。この言説の性格と構造はすでに人文主義的な共和主義の観点からJ. G. A. ポーコックによって詳細に議論されている（ポーコック 2008）。彼の議論は説得的であるが，奢侈批判に内包される女性化批判の側面については，必ずしも明確な形で取り扱ってはいない。

　そこで本章では，一方で豊かな消費文化を育んでいた18世紀イングランドにおいて，その奢侈的消費に対して繰り広げられた反消費の言説とは何であったかを検討してみたい。ことに，奢侈的消費への批判的言説において見られる女性化批判とこれと連動すると思われる反フランス的な言説の性格を検討しようと思う。

　以下では，洗練された上品さであるポライトネス politeness の観念を基底にもつ18世紀イングランドの消費社会を概観した上で，消費の拡大に対する批判的な言説がどのような形で展開したのかを検討する。次に，奢侈的な消費への批判に含まれる女性的消費への批判，あるいは奢侈的消費の拡大による男性の女性化についての批判を検討し，反女性化論と反フランス感情との関連を明らかにしたい。最後に，これらの議論が19世紀へと向かう過程でどのように変形していったのかを展望する。

2 消費社会としての 18 世紀イングランド

　18 世紀のイングランドは急速に都市化が進展した社会であり，工業，商業分野の就業者数が増大する一方で，農業生産性の上昇も見られた。こうした経済的成長は，他の要因をも含めて財政＝軍事国家としてのイギリスを支え，この世紀における対仏戦争を勝ち抜いて 19 世紀の帝国形成へとつながる発展を準備したといえよう（ブリュア，2003 年，188–9 頁）。社会的な側面に目を向けると，この時期のイングランドを国内における消費財市場の拡大そして都市化した社会における消費社会の誕生および成長の時代として，描くことも可能である（中野忠 2012）。

　一方，都市化していくイギリス社会を「都市ルネサンス」という象徴的な概念で理解しようとしたのは，P. ボーゼィである（Borsay, 1989）。彼はイングランド都市の多くに見られた，都市景観の変化に注目する。都市全体が改造されて街路や小公園が整備され，新古典主義風のファサードをもつ新しい建物が建ち，街区全体の調和が取れるように建設し直されていくなかに，イングランド社会の変化を見出したのである。都市外観のうえに現れた変化は，都市化の進行が単に都市人口の増大という数量的な変化に止まらず，都市社会それ自体の変容をも内包したものであった。

　「都市ルネサンス」のなかでは遊歩道や集会場なども新たに建設されたが，これらは都市空間に集まった人びとが余暇を過ごすための施設であった。郊外のジェントリや都市に住んでいた中流階層の人びとがコンサートや講演会に集まり，ダンスや会話をする社交 sociability の場として都市空間が機能するようになったのである（道重一郎 2012）。ロンドンのような大都市ばかりでなく，地方の主要都市においても新しい都市的な要素の拡大と発展が進行した（小西恵美 2015）。一方，都市は匿名性の高い空間であり，他人の目に触れやすい衣服や服飾品が流行にかなっているか，適正に着用されているかどうかは重要な問題であり，その意味で，都市は顕示的消費の場でもあった。階層的な明確な差異が薄れてきていた 18 世紀のイギリス都市においては，きちんとした衣服を着用することが自らの社会的地位を認知させるためには必要となった（P. Earl, 1989, pp. 283–4）。

　積極的に奢侈的消費を推奨した『蜂の寓話』*The Fable of the Bee* (1717) の著者で，「私的な悪徳は公的な利益」という主張で有名なマンデヴィル Mandeville (1670–1733) は，「五十人の内一人しか町内で知り合いに出会えないような，したがって大多数の人びとから実際の姿ではなく外見に現れたものとして評価されるような，大きく人口の多い大都市」で，自らの身分を超えた衣服を着るように促すものは，「人びとが一般に衣服や他の装身具」からその客を判断する傾

向があるからであると述べている (Mandeville, pp. 130–1)[1]。彼のこうした認識は，都市化した社会における人びとの消費とその意義を，的確に捉えるものであった。逆に着用する衣服を流行に相応しく顧客に提供することは，婦人服の場合であっても，紳士服の場合であっても同様に事業を成功するためには不可欠の熟練であった（道重一郎 2008, 2014）。

　流向への関心は，当時も今も女性に特有のものと見なされやすい。しかし，衣服や外見への関心は決して女性に限られるものではなかった。18 世紀の半ばに法務長官 Attorney General を務めたダッドリ・ライダ Dudley Ryder（1691–1756）は毛織物商人を父に持つ中流階層出身の法律家であったが，ロンドンの法律家養成組織であるミドルテンプルで学んでいた若い時代の日記を残している。そのなかでは衣服，服飾品についての彼の心情がよく描かれており，彼は仕立業者や鬘業者を盛んに訪れていて，自らを飾ることにきわめて関心が強かったことがわかる。1715 年 10 月 14 日の記述を見ると，彼はスペクテイター誌を読みながら「心の本当の美徳や理解力よりも，主に外形に影響され身の回りのものや習慣によって判断して，素敵な女性に対する…愛情や好みをあらわにする」という内容の記事を紹介し，「私自身，いかに多く外見に影響されているかを感じざるを得ない」と，一応は反省している。しかし，すぐその後に，「新しい剣を持ってみて，特別な種類の楽しみを感じながら何度も見ないわけにいかない。」と述べている。この剣は前日に購入したばかりのもので，実用というよりも装飾性の高い，銀の飾りのあるもので，剣術の上達を望んで眺めていたわけではない。装飾品として剣を扱っていたのであり，外見への関心の強さを示すものであった (Mattews (ed.), 1939, p. 119)。だが，きちんとした身なりをすることは，単に好みの問題だけではなく農村と異なって比較的匿名性が高い都市社会において，生活をスムーズにおこなうために不可欠の要素であったと考えられる。

　新しい消費は衣料ばかりに現れるのではない。食器や家具，調度品なども 18 世紀イングランド社会にあっては都市を中心に，新しいデザインが普及していった。殊に装飾性の高い家具や新しい陶磁器，茶器などは来客を想定したものであり，他人の目に触れることを前提にした消費財である。これは家庭が単に家族だけの私的な空間ではなく，訪問客に開かれた半公共的な社交空間としての意味をもっていたからでもある（道重一郎 2012, 46–7 頁）。友人や知人を招いて食事をともにしたり，この時期に消費が拡大した茶をともに飲みながら会話を交わすことは，家庭が一種の公共空間，社交の場として機能したことを示している。家庭のなかで用いられる消費財も，来客に対してその家の主人のもつ洗練された感覚，嗜好の良さを表現するものと認識されたのである。19 世紀に

入ると女性が公共の空間から私的な領域へと退いていくといわれている (Davidoff & Hall, 1987, p. 417)。しかし 18 世紀においては，女性は女主人としてこうした空間の中心となったのであり，18 世紀においては男性に劣らず女性にとっても家庭内の社交空間は半公共的なものであって，公私をつなぐ接点としての役割を果たすものであった。

衣服にせよ家具や陶磁器にせよ，単に高価なだけでなく洗練された優雅さや上品さ，つまりポライトネスが備わっていることこそ重要であった。イングランド法の大家である W. ブラックストン Blackstone (1723–1780) は彼の 1760 年代に出版された主著『イングランド法釈義』の中で，「上品で洗練された商業的人びと」a polite and commercial people という表現を用いているが，1760 年代から 70 年代に普及したこのポライトネスという語はまさに時代の雰囲気を表す言葉であり，いわば 18 世紀半ばの社会を表現するものであった。ポライトネスは高度な優雅さ gentility，啓蒙 enlightenment，また社交性 sociability を金銭的に余裕のある社会層にもたらしたのであり，中流階層の着実な成長と生産および商業の発展した社会における社会的な作法を規定する手段がポライトネスであった (Langford, 1989, pp. 1–5)。

これはポライトネスが血統や土地所有にもとづく伝統的な地主・貴族という上流階層とは異なった基準として導入されたことを意味しており，商工業者を中心とする中流階層が新しい消費財を用いることによって，都市の社交空間の中で自らの存在を主張できる新たな価値意識を意味した。もちろん，そのためには新奇な消費財の購入に伴う金銭的な裏付けが必要であり，金権的な側面があったことを免れ得ない。だが，金銭の力によって新しい消費財を買いあされればポライトネスを実現できるものではなく，洗練された優雅さのなかには商品の真贋を見極める鑑識眼を持つことも必要であった。こうした能力は学習によって後天的に修得可能であって，伝統的血統的な価値とは異なる新しい能力であった。

18 世紀社会を特徴付ける消費社会は，経済的豊かさを生み出す商業社会の発展を背景にもつものであり，洗練されたものであるとはいえ，経済的発展とこれと結びついた金権的な要素をつねに含んでいる。次節で示すように奢侈的消費への批判は，伝統的な価値意識にもとづいた新興の貨幣的な利害の成長・拡大への不満がそのなかに内包されていると見ることができるだろう。

3　消費社会批判の構造

護国卿体制が崩壊し，1660 年にチャールズ 2 世 Charles II が帰国して成立した王政復古期体制では当初，奢侈を遠ざける傾向にあった。しかし，1670 年

代から 80 年代になって対仏関係が改善されるとともにフランス・モードの輸入が再び解禁され，宮廷でも奢侈的な消費が拡大した。その後，国内の宗教対立からジェームズ 2 世 James II が追放され，1688 年の名誉革命によってプロテスタントのウィリアム William III とメアリ Mary II がオランダから迎えられイギリスの王位に就くと，この革命を推進しその後の政治体制を擁護する立場にあったウィッグは，新たな政治体制の正統性を主張する必要があった。元々，ウィッグはピューリタニズム的な伝統を引いており奢侈に対する批判も強く，奢侈を拡大した王政復古後の政権に対しては不道徳で堕落したものとして攻撃していた。このため，名誉革命は道徳的な改善をもたらすものであり，革命への動きは必然的なものであるとして，新しい政治体制を擁護した（D. Kuchta, 2002, pp. 87–9）。こうした論調は，18 世紀初頭の雑誌であるタトラー誌やスペクテイター誌に依って論陣を張った J. アディソン Joseph Addison (1672–1719) や R. スティール Richard Steele (1672–1729) にまでつながるとされている（Carter, 2001, pp. 24–5）。

　一方，ポーコックの整理にもとづけば，このような王政復古体制への攻撃は，人文主義的なシビック・ヒューマニズムの流れをくむ，土地所有にもとづく共和制の国制を理想とするジェームズ・ハリントン James Harrington (1611–1677) の議論から展開されたものとされる。ハリントンの著作『オシアナ』 Oceana は共和制下の 1656 年に刊行されたものであり，イングランドにおける軍事的共和国を武装した人民の支配として正当化しようとした（ポーコック，2008 年）。ハリントンを継承した人びとは，土地所有者にもとづく自立した戦士が国防を担い政治的支配をも担うべきものと考えた。こうした政治的支配は徳にもとづくものであり，堕落は正当な政治的支配を崩壊させるものであった。一方，奢侈は高価な生活様式をもたらすことによって自由を制限し，腐敗と結びつく危険をもっていた。そして商業はこの腐敗と結びつき，ローマ帝国が崩壊したのと同じように，イングランドを崩壊させる危険を生み出すという認識につながった。

　名誉革命に向かう過程でジェームズ 2 世の政府を攻撃したウィッグの主張は，ハリントンの考えを復活させたものであり，「腐敗」への攻撃は国王を取り巻く宮廷(コート)に対抗する野党である地方(カントリ)からの新しい批判の手段として用いられた。言い換えれば，腐敗の源泉は国王によって与えられた恩寵，つまり宮廷が生み出す利権への依存であり，在野の共和主義的な観点から宮廷と腐敗とが批判の対象とされたのである。しかし，名誉革命以降の政治的変化によって攻守の関係は交替し，ウィッグの批判装置は分裂・解体する。そのなかで「腐敗」への批判は，商業的発展および「破壊的な経済的変化の時代」に対する「急進的な反

動の道具」となっていったとされている。

　メアリ2世の妹，アン女王 Anne に子供がなかったため，ブリテンの王位はカトリックに戻ることを避けるため，ドイツのハノーファー選帝侯ゲオルグがジョージ1世 George I として継承することになった。アン女王治下で政権を担っていたトーリはこのハノーヴァー朝の成立によって政権を失い，ウィッグ政権が成立する。ことに1720年に起こった経済的混乱である「南海の泡沫」事件後に登場したウォルポール政権は，順調なイギリス経済にも支えられて21年に及ぶ長期のものとなり，王朝交代期の政治的不安定を克服して安定的な政治状況を作り出した。しかし，ウォルポール Robert Walpole（1676-1745）は自らの政権を安定させるために官職，利権，地位を配分する権限を徹底的に利用したので，野党からは政治的腐敗として厳しく批判されることになった（今井，1990年，277-321頁）。ウォルポール政権の登場は，野党であるトーリィや宮廷との関わりの少ない地方（カントリ）から，この政権のもつ堕落と腐敗，そしてそれと連動した奢侈と消費への激しい批判を巻き起こすことになった。そこで，次にトーリィの側からの奢侈的消費批判の内容を検討してみよう。

4　消費と女性化批判

　アン女王時代にトーリ政権に参加したこともあるボリングブルック Henry St. John, 1st Viscount of Bolingbroke（1678-1751）は，ウォルポール体制に対する強力な批判者の代表格であり，詩人アレグサンダー・ポープ Alexander Pope（1688-1744）や作家 J. スウィフト Jonathan Swift（1657-1745）などもボリングブルックとともに批判者陣営のうちに数えられる。彼らは，徳の喪失が腐敗を産むものとして批判した。ボリングブルックにとっては，一方で腐敗を生み出すものとしての宮廷（コート）と，他方で徳を担い腐敗した宮廷と戦う在野＝地方（カントリ）という二つの勢力が存在しているのであり，そしてこの両者の対抗が全てであった（ポーコック2008, 419頁）。腐敗に対する批判は，政治的な側面ばかりでなく商業的発展に伴う都市的な文化そのものにも向けられている。商業的で都市的な文化は，伝統的なシビック・ヒューマニズムの影響のもとにある批判者たちから見ると，奢侈と女性化が増大するものとして表現された（Black, 2005, p. 103）。ボリングブルックらが批判した腐敗のなかには，腐敗を生み出す源泉としての奢侈と消費とをつねに含んでいたのであり，批判は必然的に奢侈的消費へと向かう。

　また，女性という存在は奢侈的で気まぐれな消費とつねに一体のものであり，かくして消費の拡大は社会の女性化をもたらすものとして，女性も腐敗と同様に批判の対象となった。詩人として著名なポープは，1730年代ボリングブルッ

クとともにクラフツマン誌に依ってウォルポール政権を批判している。彼はシビック・ヒューマニズム的な論理を継承し，自らをあるべき国制の擁護者としての批判を展開すると同時に，女性の社会的な活動とりわけ執筆する女性に対する嫌悪をあらわにしている。また，彼の議論は近代的な商業社会への反対の立場から，社会的な秩序や道徳の混乱につながる変化や革新全般に反対したといわれる。ポープにとっては，女性の社会的な活動は社会全体としての女性化へつながり，それ自体が社会的な脅威であり，具体的には印刷文化のなかで女性執筆者の増加がその現れと考えていたのである（Clery, 2004, pp. 79–85）。

ポープが女性の活動を批判的にみた背景には，17世紀から18世紀にかけて，女性著述家の評価は大きく変化した状況が存在したと考えられる。17世紀には女性が出版すること自体がおおきな困難を伴った（クロフォード，1989年）。しかし，18世紀に入ると次第に女性の著述家も増加する。殊に18世紀半ば以降には文芸サークル「ブルーストッキング・レディース」Blue Stocking Society に参加したエリザベス・カータ Elizabeth Carter (1717–1806) 初めとして多くの女性著述家が登場し，評価されるようになっていたのである（梅垣千尋 2013）。また，ポープには，シビック・ヒューマニズム的な観念にしたがって，女性の虚栄が社会的な衰退の指標となるという古典的な考えが存在した。つまり，彼の女性への批判的態度は，奢侈的な消費財に満たされたブルジョワ的な社会や生活様式と女性の存在が極めて近い，類縁的なものであるという見方にもとづくものであった（Clery, 2004, p. 79）。

気まぐれな消費者として女性のイメージは，シビック・ヒューマニズムにもとづく批判者に限られるものではなかった。上品でポライトな社会や消費に必ずしも否定的でなかったアディソンやスティール，あるいはマンデヴィルなどにも気まぐれな消費者という女性イメージは根強いものがあった（Mandeville, p. 250）。その意味で，女性の消費が奢侈で虚飾を求めるものであることは，当時の男性社会にあって，一般的な認識であったと思われる。多くの風刺画にも女性服がその対象になっており，女性の消費や流行の女性服に対する態度はそうした認識の現れでもある（Ribeiro, 2002, p. 21）。しかし，彼らの場合，それが直ちに消費批判へとつながるわけではなかった。

さて，ウォルポールの退陣によって堕落と腐敗を主な批判点とするシビック・ヒューマニズム的な政府への攻撃はやや鎮静化するが，七年戦争の勃発によって再び燃え上がることになる。その一つの現れが牧師であり劇作もおこなったジョン・ブラウン John Brown (1715–1766) の『作法(マナー)の考察』An Estimate of the Manners and Principles of the Times (1757) である[2]。彼によれば，七年戦争の緒戦で起きたミノルカ島喪失などの敗北はイギリスの軍事的弱さを

示すものであり，この敗北は商業的発展に伴う奢侈の増大が柔弱化 effeminate を引き起こしたことによるとされる。ブラウンは，この時代の作法が「空虚な，奢侈的で利己的な柔弱さ，女々しさとして現れており」(Brown, p. 29)，「知恵と徳とがそのなかに存在せず，…あらゆる外国の愚かさ，柔弱さ，あるいは悪徳が…花を咲かせている」(Brown, p. 35) という時代認識を示す。たとえば奢侈は，都市における衣服のなかに明瞭に現れている。ブラウンによれば，都市では華美な服装がないと「最も賢明で徳があり上品な人びとあっても，外見において男らしからぬ unmanly 優美さに欠けているならば，誰にも知られず，一緒にいると見られるのが恥ずかしくなるような下劣な人びとと同じように避けられる」ことになる (Brown, pp. 35-36)。さらに，あの勇ましいエリザベス女王の時代から二世紀も経っていないのに，「流行で着飾った男性が柔弱な（女々しい）衣服と心地よい駕籠椅子なしには正餐へと道を渡っていくことはない。」そして「…現代の習慣をめぐる全ての環境は有り余る柔弱さ（女々しさ）へと落ち込んで行くようになって」おり，「虚栄が男らしくない unmanly 優雅さに助けを与えることになる」と主張している (Brown, p. 37)。

　ここでブラウンはイングランドの弱体化の原因を，男たちが「男らしくなく」unmanly 行動していること，そして柔弱に（女々しく）effeminacy なったことに見ている。男＝強さ，女＝弱さが対照的に提示され，奢侈的な消費が女々しい，柔弱な女性化の原因になっており，これを止めない限りイングランドの弱体化をとどめることはできないと主張しているのである。他方，当面の敵国であるフランスは「女々しい柔弱なやり方を主導しているように見えながら，強力になっている。フランスは自ら手本を示すことによって，その作用のもつ魔法の酒や毒入りの杯を大量に飲むように近隣の国民を誘惑しているのだが，秘密の解毒剤によって」自らの健康を維持している (Brown, p. 140)。つまり，女性化をもたらす奢侈的な作法はフランスがもたらしたものであるが，フランス自体はその害悪から逃れ，近隣の国々，ことにイングランドを弱体化させていると主張しているのである。

　この時代のイングランドは商業が発展した社会であり，さらに商業発展が土地利害と結びついているとブラウンは認識していた。確かに発展した商業活動はある程度までは好ましいものではあるが，ブラウンは商業活動が最終的に奢侈をもたらし，また女性化をもたらすものであると主張する。さらに，男性のそして国防力の弱体化をもたらすものと主張し，消費を批判するべく論理を展開している。彼は一定の経済発展＝商業的発展という現実を受け容れつつも，奢侈的消費＝女性化という形でポープの女嫌いを継承し，同時にフランスと対決するために奢侈的消費にもとづく堕落した作法の改善の必要を訴えている。

反消費→反女性→反フランスという形をとった社会批判の展開は、社会の堕落として消費社会を見なすシビック・ヒューマニズムの伝統のなかにある。だが、ここでは反女性という回路を通じて反フランスという排外的な自国意識と結び付いている[3]。

　フランスから流行がもたらされることは、様々な職業を紹介している同時代の文献でもマーサー mercer や服飾業者 milliner などに関する記述のなかにも見られるから、18世紀において一般的な認識であったことは間違いない (Campbell, 1747, p. 197, 206)。しかし、そこからは反フランス的な感情を見出すことはできない。むしろ、ライダの日記にも現れているように、ポライトな社会にとって必要な要素と肯定的に考えられていたと思われる。他方、反フランス感情のなかにはポライトの過剰、つまり気障（きざ）であることへの批判が含まれていた。過剰な気障（きざ）さへの批判の観点は18世紀初めから根強く存在しており、この点からフランスからの流行とこれに結び着いた女性とが、男らしさも損なうものとして批判の対象となっていた (Cohen, 1999, pp. 51–55)。しかし、一般的な消費者には見られない反フランス感情は、一部の教養階層のなかから生まれたものであり、1740年代から七年戦争期の時期のブラウンの主張もこうした文化的劣位に対する反発と関連させて位置づける必要がある (Newman, 1997, p. 81, 124)[4]。その意味で、この時期のイングランドに見られた外国文化の過剰な流入への反発が、ポープやブラウンなど教養階層のなかにある反フランス感情の底流にあったように思われる。

　シビック・ヒューマニズムの系譜を引く体制批判・社会批判をおこなう側からすれば、奢侈的な消費は徳の喪失と堕落を招くものであり、土地所有にもとづいて国を守るべき男性を柔弱なもの、女性化するものとして非難される。同時に奢侈と消費はつねに女性と結びつけられて非難の対象となった。この場合、女嫌いの論理は消費批判と通底するが、同時に流行の消費の発信源であるフランスへの反感へも、文化的過剰輸入に対する反発と重なり合いながら、つながっていくことになる。

　確かにフランス、ことにパリが消費を生み出す流行の中心であって、イギリスもつねにその影響下にあった。イギリス国内でも、パリから輸入される流行がロンドンを起点として地域の拠点都市を媒介として流行は普及していった。小売業者はロンドンとのつながりを強調することを通じて、消費者へ自らの提供する商品やサービスが最新流行のものであり、またその新奇性をアピールしようとしていた[5]。それらは、一般の消費者にとっては、ファッショナブルな消費財としてポライトな社会には欠くことのできないものであった。しかし、社会的堕落を批判し、国防力の低下を嘆く議論からは女性化を生み出す消費へ

の批判が生じ，そして奢侈的な消費を促す流行の中心としてのフランスが害毒の原点として非難の対象となったのである．その意味で，フランスから流入する流行や文化に対する知識層の反発を底流にしながら，消費批判のもつジェンダー的視角が反フランスへとつながることを通じて，一部の社会層のなかにイギリスの独自性を強調する自国意識を育む発想を生み出すものとなったといえるだろう．

5 新しい商業社会と消費認識

一方，奢侈や消費を積極的に肯定した論者がいなかったわけではない．17世紀末のバーボン Nicholas Barbon (c.1640–c.1698) や D. ノース Dudley North (1641–1691) は自由貿易論の先駆とされるが，同時に彼らは消費に関しても経済を活発化するものとして積極的に肯定した．マンデヴィルも奢侈と消費の拡大を肯定する点ではバーボンやノースと近い議論を展開している．マンデヴィルは，すでに述べたように，都市社会のなかにある匿名性という側面と外見の重要性との関係を明瞭に意識しながら，自負心 pride が奢侈や経済活動を促進するものであると考えていた (Mandeville, p. 81)．

国内の製造業利害より自由貿易を優先する 17 世紀末のバーボン，ノースとウィッグ系に属し，個々の国との貿易差額ではなく全体としての総体的貿易差額を主張する 18 世紀初めのマンデヴィルとの間には，党派性や政策的方向性に大きな相違があった[6]．しかし消費と奢侈に関しては，ともにこれを積極的に肯定する主張を展開していた．にもかかわらずマンデヴィルは，激しい批判を浴びることになった．その原因は，奢侈的な消費を批判する側にとって奢侈と消費は徳の喪失＝堕落への道であったのに対して，マンデヴィルの主張が，商業的な発展を徳の否定と悪徳の肯定によって正当化しようとした過激な主張にあったと言えよう．これに対して，アディソンやデフォーは悪徳を肯定することなくむしろ公共の徳の概念に訴えることによって，腐敗へと陥らずに商業世界を正当化しようとした (ポーコック，394 頁)．マンデヴィルも新しい社会を経済的なメカニズムのもとで描こうとしたのであり，それは財の交換と利己心にもとづくものであって，その意味でスミス Adam Smith (1723–1790) の描いた近代的商業社会へ向かう姿であったが，マンデヴィルは徳をも否定してしまった点で異なっていた．

マンデヴィル的な悪徳の肯定論と，奢侈的な消費を徳の喪失と女性化を通じた腐敗への道として批判する議論とを，両面批判したのはデヴィット・ヒューム David Hume (1711–1776) である (Clery, 2004, pp. 176–8. 坂本，1995 年，349–355 頁)．彼の『政治論集』Political Discourses (1752) に含まれる「奢

侈論」では次のように述べている[7]。「不道徳な奢侈さえ称賛を与え，それを社会にとってきわめて有益であると主張する」人がいる一方で，もっとも無害な「奢侈まで非難し，それを市民政府に付随する腐敗…の源である」と説く人びとがおり，奢侈については両極端な議論があるが，これら両極端な議論の修正を図るために，ヒュームは「洗練と奢侈の時代はもっとも幸福であり，もっとも有徳の時代」であることを論証しようとした（Hume, p. 24）。文明化された時代では上品さと洗練さとが人びとの気質を和らげるが，名誉の感覚が新たな活力を獲得する。また，近年の腐敗にしてもその根源を奢侈に求めることは正当ではなく，「奢侈と技術は自由にとってむしろ好ましいものである。」（Hume, p. 34）。また，悪徳自体が有益とはいえないが，また奢侈は度を過ぎると有害ではあるが，「道徳的に無害な奢侈，すなわち快楽における洗練は国家に有益なのである」（Hume, p. 37）と，一定の奢侈を積極的に肯定していこうとするのである。

ヒュームは奢侈的な消費を，徳と悪徳もしくは堕落との二分法から切り離し，洗練された生活様式と結びつけることを通じてポライトな商業社会における消費を肯定する方向へつなげることができた（Clery, 2004, pp. 176-9）。洗練された社会，そして奢侈と消費行動を肯定する理解は，シビック・ヒューマニズム的な伝統から一歩抜け出している。奢侈的な消費を道徳的な側面から切り離したヒュームは消費＝女性化という議論からも抜け出ており，女性化批判もここには見られない。

6　おわりに

18世紀における奢侈的な消費を批判する議論は，消費を徳からの逸脱と堕落と見なすことによって展開された。その意味で，消費は徳と対抗するものであり，伝統的なシビック・ヒューマニズムをその基底にもっている。同時にそれは，女性嫌いと外国文化への嫌悪という男性中心の教養階層の意識と結び着くものであったし，奢侈的な消費批判は反消費＝反女性＝反フランスへとつながる回路をもっていた。この時期の反フランス感情としての排外意識は知識人社会層のなかの一部から登場し，こうした排外感情が民衆へと拡大する可能性があったけれども，他方で，それ自体を国民的な意識と見なすことは難しい。

これに対して，奢侈と消費を肯定する側も道徳的な問題を回避することはできなかったし，消費と女性化は悩ましい問題であった。しかし，ヒュームは徳と消費とを切り離すことによって消費の肯定的側面を確保し，消費に伴う社会の女性化＝柔弱化という議論に陥らずに，新しい商業社会，ブルジョワ的な経済社会の市場経済を正当化することができた。確かに，キリスト教的な奢侈に

対する反感は消え去ることはなかったが，宗教的信仰の問題は個人の領域とされ，表だってそれが現されることは次第に少なくなっていった（Mitchell, 2014, p. 91-3.）

　他方，18世紀末から19世紀に入ると，新興のブルジョワ階級の成長とともに，新しい男性像が求められる時代となっていった。19世紀に入ると男性の服装はしだいに暗い色調の抑制的なものへと変化する（Ribeiro, 2002, p. 21）。ダンディの元祖とされるブランメル George Brummell（1778–1840）の服装も，それ自体は必ずしも派手なものではなかった。これに対して，19世紀に入ると女性は公的な表舞台から私的な空間へと後退していき，服装や消費も女性化とは切り離されて，新たな中産階級のなかで質素で自立的なイメージが浸透していくことになった（Kuchta, 2002, p. 148–9）。女性が公的な世界から退場するとともに，反女性化批判と結びついた奢侈的な消費への批判も薄らいでいく。女性を含めたポライトで高い社交性をもった18世紀社会が解体していくことが，奢侈的な消費への批判を不要なものとしていったのである。

注

1)　B. Mandeville, *The Fable of the Bee*（1717）．以下ページ数は1726年刊行の第3版（Googleデジタル版）による。なお，訳文はマンデヴィル（泉谷治訳，1985年）117頁による。

2)　John Brown, *An Estimate of the Manners and Principles of the Time*（1757）．以下，同書からの引用は文中に略記する。ブラウンの思想に関しては，坂本達哉（1995年），339〜344頁を参照。

3)　川北は本稿とはやや異なって，18世紀ヨーロッパにおけるマナー後進国としてのイングランドが，ポライトネスをかなぐり捨てて「イギリス流作法」を生み出し，反女性的で反フランス的な感情が形成制されると指摘している。川北（1999年）108–9頁。

4)　但し，ニューマンはイングランド人のナショナリズム形成を問題にしようとしているが，クーマが正当に批判しているように，イングランドとブリテンないし，イングランド人とブリテン人とを明確に区別せず混同している。Kumar（2003）, p. 176を参照。

5)　たとえば，スコットランドの服飾小物商の場合を見よ。D. Simonton（2015）, p. 24.

6)　マンデヴィルの奢侈論に関しては，田中（1954年），またマンデヴィルの研究史的な整理に関しては，田中（1984年）を参照。

7)　D. Hume, Political Discourses（1752）第2版Googleによるデジタル版を用いて，ページ数を（　）内に表示する。なお，訳文は（田中秀夫訳，2010年）．22, 31, 33頁から引用。

参考文献

[同時代文献]

Brown, J.（1757）, *An Estimate of the Manners and Principles of the Time*.
Campbell, R.（1747）, *The London Tradesman*（London）.

Hume, D. (1752), *Political Discourses*, Second edition（田中秀夫訳，2010 年，『政治論集』，京都大学出版会）．
Mandeville, B. (1717), *The Fable of Bees*, Third edition (London).（泉谷治訳，1985 年，『蜂の寓話』，法政大学出版会）．
Mattews, W. (ed.) (1939), *The Diary of Dudley Ryder 1715–1716* (London).

［二次文献］
Black, J. (2005), *Culture in Eighteenth-Century England*, (Hambledon and London, London).
Borsay, P. (1989), *The English Urban Renaissance*. (Clarendon, Oxford).
Carter, P. (2001), *Men and the Emergence of Polite Society*. (Longman, Harlow).
Clery, E. J. (2004), *The Feminization Debate in Eighteenth-Century England*. (Palgrave Macmillan, Basingstoke).
Cohen, M. (1999), "Manliness, Effeminacy and the French" in Hitchcock, T. & Cohen, M. (eds.), *English Masculinities*. (Longman, Harlow).
Davidoff, L. & Hall, C. (1987), *Family Fortunes*. (Hutchinson, London)
Earl, P. (1989), *The Making of the English Middle Class*. (Methuen, London).
Kuchta, D. (2002), *The Three-Piece Suit and Modern Masculinity*. (University of California Press, Berkley).
Kumar, K. (2003), *The Making of English National Identity* (Cambridge UP, Cambridge).
Mitchell, I. (2014), *Tradition and Innovation in English Retailing, 1700–1850*. (Ashgate, Farnham).
Langford, P. (1989), *A Polite and Commercial People*. (Clarendon Press , Oxford).
Newman, G. (1997), *The Rise of English Nationalism*. (Macmillan, Basingstoke).
Ribeiro, A. (2002), "On Englishness in Dress" in Breward, C., Conekin, B. & Cox, C., (eds.) *The Englishness of English Dress*. (Berg, Oxford).
Simonton, D. (2015), "Milliners and Merchandes de Modes" in Simonton, D., Kaarinen, M. & Montenach, A. (eds.), *Luxury and Gender in European Towns, 1700–1914*. (Routedge, Abingdon).
今井宏編（1990 年）『イギリス史 II』山川出版社．
梅垣千尋（2013 年）「書く女性たちの野望」伊藤航多，佐藤繭香，菅靖子編著『欲張りな女たち』彩流社．
クロフォード，P.（岸田紀訳）(1989 年)「出版された女性の著作」プライア，M. 編著（三好洋子編訳）『結婚・受胎・労働』刀水書房．
草光俊雄（2014 年）「消費社会の成立と政治文化」草光俊雄，眞嶋史叙監修『欲望と消費の系譜』NTT 出版．
川北稔（1999 年）「イギリス風マナーの自立」指昭博編『「イギリス」であること』刀水書房．
小西恵美（2015 年）『長い 18 世紀イギリスの都市化』日本経済評論社．
中野忠（2012 年）「18 世紀イギリス都市論の射程」中野忠，道重一郎，唐澤達之編『18 世紀イギリスの都市空間を探る』刀水書房．
坂本達哉（1995 年）『ヒュームの文明社会』創文社．
田中敏弘（1954 年）「マンデヴィルの奢侈論」『経済学論究』（関西学院大学）8-2．

田中敏弘（1984 年）『イギリス経済思想史』御茶の水書房。
ブリュア，J.（大久保佳子訳）（2003 年）『財政＝軍事国家の衝撃』名古屋大学出版会。
ポーコック，J. G. A.（田中秀雄・奥田敬，森岡邦泰訳）（2008 年）『マキャヴェリアン・モーメント』名古屋大学出版会。
道重一郎（2008 年）「18 世紀の小売商と消費社会」『経営史学』43–1。
道重一郎（2012 年）「消費空間としての 18 世紀イギリス都市」中野忠，道重一郎，唐澤達之編『18 世紀イギリスの都市空間を探る』刀水書房。
道重一郎（2013，2014 年）「18 世紀ロンドンの仕立商（上）（下）」，『経済論集』39–1，『経済論集』39–2。
森直人（2010 年）『ヒュームにおける正義と統治』創文社。

テムズ川とロンドンの橋

　世界の主要都市の多くは川のほとりにあるが，ロンドンもその一つである。ローマ時代以前にはすでにこの地域に集落が存在していたが，シティと呼ばれる古来のロンドンはローマ時代にテムズ川の北側に建設された。イングランド南部の丘陵地帯を水源として，オックスフォード近く流れ，ウィンザーやハンプトンコートなどの宮殿の傍らを通ってロンドンまで流れてきたテムズ川は，さらにグリニッジなどを経て，広い河口を形成しながら北海へと注いでいる。かつてテムズ・ハイウェイなどとも呼ばれたこの川は，ロンドンへの水運のかなめでもあった。政治犯として収監された貴族も，この川を通じてロンドン塔に送り込まれている。姉のメアリ1世によってロンドン塔に送られたエリザベス1世もその一人である。

　ロンドン塔は，ウィリアム1世がロンドンの守護と監視のために建てた城塞であるが，現在はその中心にあるホワイトタワーに英国王室の王冠などが保管されている。このすぐ近くに，タワーブリッジある。新古典様式のこの橋は，ときどき古いロンドン橋と間違われるが，高い帆柱をもつ船が通過できるように蒸気動力を用いた跳ね橋を備えた19世紀後半の可動橋である。今でも動くこの橋は，テムズ川が外洋航路とつながっており，ロンドンが主要な港であったことを示すものでもある。この橋よりも下流にはかつて外洋帆船を係留する大規模なドックがあったが，現在は再開発されたオフィス街になっている。

　「ロンドン橋落ちた」という歌でも有名なロンドン橋は，紀元1世紀ごろには存在したとされる古い橋で，テムズ川南岸のサザークとシティとを結ぶ重要な交通路であり，18世紀半ばまではロンドン周辺でテムズ川をまたぐ唯一の橋であった。現在のロンドン橋は20世紀に入って建て直された，あまり特徴のない橋である。18世紀に入ると多くの橋がロンドン近郊でテムズ川にかけられる。ピューリタン革命期にパトニー討議が行われたことで有名なパトニーには18世紀の早い時期には木製の橋が架けられていた。パトニー橋から少し上流のモートレイク橋までは春先に行われるオックスフォードとケンブリッジとのボートレースの舞台でもある。

　このほか国会議事堂のすぐわきにあるウェストミンスター橋はビッグベンを眺める格好の観光ポイントであるし，少し古いが映画「哀愁」の舞台になったウォータール一橋などもあるが，テムズ川に架かる橋の多くは鉄製や石造りの趣のある橋が多い。上流に少し遡るとバタシーパークやリッチモンドパークなどの大きな緑地公園のそばにバタシー橋やリッチモンド橋などが美しい姿をテムズ川に映している。その中で最近（2012年），再開発されたドック地区とグリニッジを結ぶロープウェイが建設されて，川を渡りながら空からロンドンを眺めることができるようなった。

（道重一郎）

第5章　誓いの後で
―18世紀の結婚詐称訴訟における「個人の選択」と「名誉」―

赤松　淳子

1　はじめに

　男女の出会いから破局までには様々なドラマがある。現代の我々ひとりひとりが自身の経験をもつように，はるか数百年前に生きた男女にもそれぞれの関係があった。しかし一見，個別普遍的にみえる両性の関係には，時代と場所に基づく文化的経験がある。18世紀のイングランドで起こった二組の訴訟をみてみよう。

　（A）　1737年12月のことである。カンタベリ市のセント・アルフェジュ教区は，ある男女の噂で持ち切りであった。その男女とは，ヘンリ・ギップス Henry Gipps（18歳）という薬屋の徒弟とその薬屋の親戚筋の娘フランシス・ノウラー Frances Knowler であった。教区民たちは眉をひそめていた。ギップスが，彼方此方で自身がフランシスと交わした結婚の約束について触れまわっていたからである。教区民たちは，フランシスの家族がエスクワイヤであるトマス・ジョーンズの息子との縁談をすすめていることを知っていた。ギップスは，奉公先でフランシスと知り合い，密かに会うようになった。彼によれば，フランシスの祖父の家で，彼女と結婚の約束を交わしたという。「あなたと結婚の約束をしたのだから，挙式します。私はあなたのものだから」というフランシスの誓いに対して，「それなら私はあなたのもので，あなたは私のものだ」と彼は約束の言葉を返した。ギップスの自慢話は7か月間続いた。ジョーンズ家の父親の証言によれば，ある日ギップスに会った時，次のように告げられたという。「俺とフランシス・ノウラーは神の面前で夫婦になった」。ギップスとジョーンズ家の間では，フランシスをめぐり緊張が高まっていた。ギップスが武器を持ってジョーンズ家を襲うとの情報を得た教区民たちが混乱状態になり，ギップスではなく誤って別人を殴り倒すという騒動まで起きた。フランシス・ノウラーはロンドンの教会裁判所にギップスを訴え，そのような結婚の約束をした覚えはないと主張した。幾度も悪意のある公言をやめるよう彼に頼んだが，やめようとしない，なんとかやめさせ，訴訟費用を払うよう請求した。ギップスは未成年であったので，後見人がついた。教会裁判所はノウラー側に勝訴を言い渡したが，ギップスに対する訴訟費用の支払い請求は斥けた（LPCA,

B16/156; E33/123; Ee10 f. 46, 49; Eee14 ff. 362–6)。

　(B)　もうひとつは，ロンドンから提訴された訴訟である。1720年9月4日，ハートフォードシャのエスクワイヤの息子ケイレブ・ローマックス Caleb Lomax（25歳）は，いつものようにロンドン中心部コーンヒルを散策していた。手袋を買うためにふと婦人帽子店に立ち寄った際，ひとりの女性に目を奪われた。彼女の名はメアリ・ローズ Mary Rose といった。ドゥルリー・レイン劇場で女優として舞台に立つことを夢見ながら下働きをしている女性であった。翌日，彼はローズを食事に誘った。二人が恋に落ちるのは時間の問題であった。1か月後，二人はフリート監獄付近の聖職者の自宅で秘密裏に結婚式を挙げた。しかし2年後，両者は別居状態にあった。それだけではなく，ロンドンの教会裁判所で激しい法廷闘争を繰り広げていた。ローマックスはローズのことを自分の妻ではなく，愛人 mistress であり，二人の間にありもしない婚姻関係を周囲に言いふらしている，と訴えた。ふしだらな生活を送って親から勘当されないため，「偽名」を用いて偽装結婚していたと説明した。5年間の争いの後，裁判所はローズとローマックスの婚姻は無効であると宣言し，ローマックス側に勝訴を言い渡した（LPCA, B15/29b; E26/140; E27/36–7; E31/34; Ee9/81, 159, 160)。

　これらは，カンタベリ大主教管区の上訴裁判所であるアーチ裁判所 Court of Arches に提訴された「結婚詐称」jactitation of marriage 訴訟という婚姻訴訟である。一方は女性によって起こされた結婚の約束の有効性をめぐる訴訟，もう片方は，男性によって起こされた結婚式の有効性を争う訴訟のように思われるが，被告となった男女それぞれが嘘を言いふらす人物として訴えられていることも同時に読み取れる。結婚詐称訴訟という聞きなれない訴訟，そして二組の男女関係の顛末に多くの読者は疑問を抱くであろう。ここで扱われている「結婚」とは何を指すのか？　なぜギップスは結婚の約束の存在を主張しながら，「神の面前で結婚した」と公言したのか？　アーチ裁判所は敗訴したギップスになぜ訴訟費用の支払いを命じなかったのか？　ローマックスはローズと結婚式を挙げておきながら，訴訟時にはなぜ彼女を「愛人」であると主張できたのか？

　結婚詐称訴訟は近世期（16–18世紀）のヨーロッパ諸国のなかでも，特にイングランドにおいて起こされたと言われる。イングランドにおいて同訴訟が定着した理由は不明であるが，中世法制史家リチャード・ヘルムホルツによれば，15世紀末までには教会裁判所訴訟の一種として認識され，1968年まで争われていた（Helmholz, 2003, p. 654）[1]。結婚詐称訴訟は，個人としての両性の結びつき（身分違いの結婚や婚前妊娠等）と集団（親族，共同体）の価値観（規範，慣行）の対立が生じる文化的土壌において起こされた訴訟であった。（A）から

窺えるように，両性の法的結びつきは，婚姻の約束を交わしたときから生じる，と当時の人々は認識した。従って (A) と (B) の双方から読み取れるように，18世紀において結婚（もしくは結婚の約束）を公言することは，現代よりもはるかに婚姻成立の法的・社会的認知に影響を与える行為であった。婚姻手続きを踏む過程で，もしくは結婚式を挙げた後に，相手との関係が破綻し，自身が属する親族や共同体に不利益が生じると判断したとき，「結婚詐称者」として相手を公に訴え，名誉を法的に回復する手段が結婚詐称訴訟であった。

配偶者の選択から挙式に至るまでの婚姻手続きに関する歴史は，これまで社会史，文化史，そして法制史が交差する領域であった。1970年代からこのテーマを継続的に取り上げてきたアラン・マクファーレンは，歴史的にイングランド人は，配偶者の選択にあたって，親族や共同体の意志よりも，結婚する当人たちの意志を優先させることを重んじてきたと論じ，その伝統は中世に遡ると主張している。その背景には，教会法で定められた当事者間の約束に基づく結婚が中世以来有効とされてきた事情があり，これがイングランド人の情愛を重んじる結婚の基盤になったと論じる（マクファーレン，1999年，pp. 140–75）。配偶者の選択を個人自らが決定するという，いわゆる家族形成における「イングランド個人主義」の心性をめぐる議論は，多くの歴史家の関心をひきつけ，批判的に検証されてきた。1990年代以降，婚姻に際する「規範意識」に注目する研究が現れる。テューダー期に関するダイアナ・オハラ，ローラ・ガウイングの研究，そして16世紀から17世紀後半を対象としたエリザベス・フォイスターの研究は，教会裁判所の婚姻訴訟記録における訴訟当事者の答弁と証人の証言に着目し，そこから配偶者の選択，求婚，結婚の約束，教区での婚姻予告，そして挙式という婚姻のプロセスにおける親族・共同体の役割と介入の在り方を分析した（O'Hara, 2002; Gowing, 1996; Foyster, 1999）。

従来の研究に対し，本稿は18世紀イングランドの教会裁判所が配偶者の選択における個人の意志をどのように扱ったのかを明らかにする。マクファーレンが主張するイングランド人の心性を特徴づける個人の意思の尊重とオハラ，ガウイング，フォイスターが強調する近世社会の集団の意思は，訴訟という場でどのように調整されたのだろうか？

分析史料は二種類ある。ひとつはロンドンで開廷された二つの裁判所の訴訟記録—ロンドン主教裁判所 Consistory Court of London およびアーチ裁判所の訴訟記録である。17世紀後半から18世紀末の間に，ロンドン主教裁判所には98件（1670–1799年），アーチ裁判所には112件（1660–1799年）の結婚詐称訴訟が提訴された（Stone, 1990, p. 428; Houston, 1972）。本稿では，このうち訴状，答弁書，証言の内容が豊富に記されているいくつかの事例を分析す

る。もうひとつの史料群とは判例集と弁護士の手稿である。これらの史料からは，個々の訴訟の争点の他に，訴訟当事者の答弁および証人の証言が審理においてどのように扱われたのかが明らかになる。訴訟文書である以上，訴訟当事者の答弁や証人の証言が，18世紀における訴訟の法的枠組みのなかで，訴訟当事者たちの弁護士の戦略と，記録官の仲介のもとに生み出されたことは想像に難くない[2]。18世紀の人々の純粋な経験を抽出することはできないが，それでもなお我々はこれらの記録から，婚姻手続きに関する「個人の選択」と「規範」を人々が訴訟においてどのように意識したかを読み取ることができる。

以下においては，結婚詐称訴訟の訴えの内容と形式について確認し（第2節），18世紀の教会裁判所が，婚姻手続きのうち「結婚の約束」と「挙式」の有効性をどのような要素に見出していたかを明らかにする（第3節）。そして最後に，被告が「結婚詐称者」であるか否かを教会裁判所がどのように判断したのかをみていく（第4節）。

2　結婚詐称訴訟における訴え

18世紀の結婚詐称訴訟の訴状には一定の形式があった。（A）ノウラー対ギップス（1737年）の訴状を事例としてみてみよう（この訴状は全部で7項目からなるが，紙面の制約上，特に重要と思われる項のみを記す）。訴状には，原告ノウラー側の主張と請求内容が提示されている。

1. フランシス・ノウラーはこれまで未婚であり，ヘンリ・ギップスといかなる婚姻契約もしくは婚約も交わしていない。これらは，近隣，友人，知り合いの誰もが知っていることである…（下線は筆者による）
2. ヘンリ・ギップスは，違反行為であることを十分知りながら，カンタベリ市のセント・アルフェジュ教区および他の場所にて，先の6月，7月，8月，9月，10月，11月，12月に複数の目撃者の前で，フランシス・ノウラーと婚姻契約を交わしたと公言したが，これは悪意に基づく虚言である falsely and maliciously boast assert affirm and report the same … 彼らの間には婚姻関係も存在しないし，婚姻契約も結ばれていない…（下線は筆者による）
   ［省略］
4. ヘンリ・ギップスは頻繁に，もしくは少なくとも1回は，フランシス・ノウラーと彼女の友人・知人たちから悪意に満ちた虚言をやめるよう言われたが…悪意のもとに今でも嘘を言いふらしている…
   ［省略］

7. これらすべての事項は厳然たる事実であり…法的証拠もあがっていると報告がなされている…原告フランシス・ノウラーは，訴状に記された期間は未婚者であり，ヘンリ・ギップスとの婚姻契約から自由であったという宣言がこの法廷でなされ…さらにギップスが悪意に満ちた虚言を今後一切やめるよう…ギップスに正義の裁きが下されることを願う…そしてギップスの後見人は，フランシス・ノウラー側に訴訟費用を払い最終判決を受けるよう，原告はここに申し立てる…

「結婚詐称」の「結婚」とは，婚姻手続きのなかの「婚姻契約」（もしくは婚約），「婚姻」のいずれかを意味し，訴訟においては，これらの法的結びつきの有効性が争われた。さらに原告は訴状において，被告の「悪意」maliceの存在も主張している（下線部参照）。虚偽の「結婚」を言いふらしている人物を法の下に裁かなければならないのは，訴状によれば，そこから生じる「損失が原告にとって多大なものであり…不正な要求という不都合から原告を守るため」であった（LPCA, E33/123）。

このような訴状に対して，ギップスを含め，結婚詐称訴訟の被告たちはどのように反応したのだろうか？　被告たちは，防御として次の三つのなかから，ひとつもしくは複数を選ぶことができた。

(a) 原告との結婚（結婚の約束）を公言したことを認め，実際に結婚した（結婚の約束をした）と主張する。
(b) 訴状に書かれている事実を否認する。
(c) 原告と結婚していない（結婚の約束を交わしていない）ことを認めるが，原告も夫婦（約束を交わした相手）を演じていたのであり，よって自身に「悪意」はないと主張する。

被告が(a)を選んだ場合，訴訟では，まず被告の主張する婚姻手続きが有効であるかどうかが争われる。さらにそれが真に結婚の意図に基づいていたのか，それとも虚偽であったのかが問題となる。真の意図に基づいていたことが証明された場合は，その結婚（結婚の約束）は有効とされたが，そうでなかった場合は無効とされた。もし，被告が原告と合意のうえで婚姻手続きを踏んだことを証明できたにもかかわらず，それが手続き上無効であると判明した場合，裁判所はその結婚を有効とする判断を下す可能性もあった。

(b)は訴状の内容が身に覚えのないものであった場合の選択である。結婚（結婚の約束）の存在を証明したいが，非常に難しい場合も(b)を選ぶことが可能

であった。しかし，訴状内容を否認しても，原告が訴状内容を十分に証明してしまった場合，敗訴は確実であった。

(c) もまた，被告にとって訴状で問題とされている結婚（結婚の約束）を証明するのが困難である場合の選択である。被告が女性である場合は，選択には覚悟が必要であった。特に結婚が問題となっている場合，貞操観念を放棄して，偽の妻という役割を演じていたことになるからである。

3　婚姻手続きの有効性を構成する要素
1）　結婚の約束

中世の教会法において，結婚の約束には二つの形があった。未来形の言葉を用いての結婚の約束 sponsalia per verba de futuro と現在形の言葉を用いての結婚の約束 sponsalia per verba de praesenti である。前者は「あなたと将来結婚します」という約束であった。後者は「ここにあなたと結婚します」という表現をとる約束である。「未来形の言葉」による約束は同衾を伴わない限り当事者の合意によって解消可能であるが，「現在形の言葉」による約束は即時に婚姻が成立すると解釈された（ベイカー，1975 年，p. 441）。これら二つが婚姻契約とみなされた。

18 世紀の結婚詐称訴訟において婚姻契約が争点となった背景には，親族・共同体の介入を避けながら婚姻手続きを進める男女の増加 ―ジェレミー・ボウルトンによれば「婚姻の手続きのプライベート化」がある（Boulton, 1991）。13 世紀から 14 世紀において，結婚の手続きは，長い一連のプロセスを踏んだ。証人を伴う「婚約式」で「未来形の言葉」による約束を交わし，教区で 3 回の婚姻予告を出す。当人たちの結婚に異議を唱えるものがいなければ，聖職者の前で「現在形の言葉」による約束を交わす。その後「挙式」を必ず行うよう親族・共同体が当人たちに圧力をかけた。このプロセスにおいて，床入りは，通常，挙式の後で行われた。教会法は「未来形の言葉」を交わした後に同衾すれば結婚は成立すると規定したが，法制史家レベッカ・プロバートが指摘しているように，中世から近世にかけて，実際には婚前交渉した多くの男女が教会裁判所で裁かれた（Ingram, 1987, pp. 219-37; Probert, 2009, p. 37）。長い婚姻手続きは，裕福な階層出身の新郎と新婦の場合，親族を主導とする重要なビジネスの交渉の過程でもあった。15 世紀になると，手続きの簡略化が徐々に進行し，婚約式を経ずとも，婚姻は「現在形の言葉」によって成立すると教会裁判所は判断するようになる。にもかかわらず，挙式は婚姻契約による婚姻を完成させる儀式であると裁判所は判断した。歴史家マックシェフリーの言葉によれば，現在形の言葉を交わした男女は，「婚姻の完成」という終着地に向かう下車を禁

じられた電車に乗った状態であった。その電車から相手が降りようとしたとき，訴訟が発生したのである (McSheffrey, 2006, pp. 27-30)。婚姻手続きが教会・親族・共同体の監視のもとで進められた時代にあっては，約束の言葉を公で交わす行為は，婚姻成立そのものであった。

18世紀の結婚詐称訴訟において，未来形の言葉と現在形の言葉による約束はどのように扱われたのだろうか？ 本稿の冒頭で紹介したノウラー対ギップス (1737年) では，原告と被告の間で交わされた約束の言葉の有効性が問題となっている。ギップスが主張する「約束」は，教会法に基づいて「婚姻」に相当すると判断されたのだろうか？ ―訴状に対するギップスの答弁書を読んでみると，意外な事実が浮かび上がる。彼は自らの身分を「独身」としているのである。レベッカ・プロバートは，王政復古後の教会裁判所における婚姻契約訴訟を研究し，婚姻契約は婚姻とは見なされなかったと主張している[3]。実は結婚詐称訴訟において争点となった「婚姻契約」も同様であり，裁判所は，被告をはじめから「未婚者」として扱い，訴訟当事者たちも自らを「独身」「未婚」と認識していた。フランシス・ノウラーは「あなたと結婚の約束をしたのだから，挙式します」と誓った ―ギップスはこのように主張したが，挙式こそが当時の人々にとって婚姻の証であった。結婚の約束を交わした男女が「神の面前で結婚した」と言うとき，それは婚姻関係の成立を意味するのではなく，「現在形の言葉」による婚姻契約の成立を意味し，「挙式」が続くべきことを当時の男女は自覚していた。ジョーンズ家の父親も，ギップスからこの言葉を聞いたとき，ギップスとノウラーが結婚したとは考えなかったであろう。婚姻契約の効力とは，契約相手が他者と結婚することがないように，教会裁判所が挙式を執り行うよう命じることができる点にあった。それは完全なる結婚ではなく，財産をめぐる夫婦間の権利関係も発生しなかった (Probert, 2009, pp. 41-3)[4]。

教会裁判所は，訴訟当事者のどちらが自身の主張をより良く立証できたかによって勝敗を判断した。実際は「現在形の言葉」で約束が交わされなかったにも関わらず (ギップスとノウラーは未来形の言葉を用いていた)，ギップスが「神の面前での結婚」を言いふらしたことをノウラー側が2名以上の証人によって証明し，ギップスは敗訴した。

18世紀においても，結婚は中産層以上の人々にとって，家族の名誉と経済的繁栄がかかったビジネスであった。しかし，配偶者の選択に際する心性は少しずつ変化していた。ノウラーとギップスのように，婚姻手続きを，周囲の目から逃れて行うようになる男女が増えていく。少なくとも王政復古期までには，教会裁判所は，婚姻成立を決定づける手続きを「婚姻契約」にではなく「挙式」に見出すようになっていた。

2） 秘密婚

　1604年の教会法は，21歳未満の子供が結婚する際には親の同意を得ること，日曜日あるいは祝祭日に3週間にわたり両当事者が居住する教区にて婚姻予告を行うこと（もしくは婚姻許可証を得ること），共通祈祷書に基づく挙式を当事者の一方が居住する教区教会もしくはチャペルにおいて執り行うことを規定した。しかし，教会裁判所は，18世紀を通してこれらを遵守しない結婚も有効と判断しつづけた。結婚を公にすることを好まない両性は，密かに結婚する道を選んだ。ボウルトンが明らかにしているように，婚姻手続きのプライベート化は，王政復古以降のロンドンにおいて顕著であった。親族や共同体の承認を得ずに，結婚を望む男女にとって，婚姻予告を必要としないフリート債務者監獄の内外での結婚サービス，フリート・マリッジ Fleet marriage は，非常に便利であった。正式な国教会式の結婚よりも安価で迅速であったため，結婚を公にできない事情を抱えたカップル以外にも，ロンドン庶民の間で定着していた。フリート・マリッジをはじめとする教会法を遵守しない不規則な結婚は「秘密婚」clandestine marriage として，議会制定法下での取り締まりの対象となった（Brown, 1981; Outhwaite, 1995, pp. 51–73; 栗原 1991 年）。

　結婚詐称者としての汚名をすすぐために，被告たちは原告との秘密婚の有効性を主張した。先にみたローマックス対ローズ（1720年）における被告メアリ・ローズもそのひとりである。二人の秘密婚は，親族の目を避けた身分違いの結婚であった。冒頭でみたように，ローマックスはローズを愛人であったと主張したが，彼女はローマックスから求婚され，フリート街の近くに住む聖職者の家で結婚式を挙げたと答弁した（LPCA, Ee9, 106/1）。

　教会裁判所は「秘密婚」の有効性に対して条件をもうけていた。秘密婚は状況証拠が伴えば有効ではあるが，伴わない場合は無効とされる結婚であった。第一に，「国教会の聖職者による儀式」という形をとらない限り無効であった。第二に，被告が女性であった場合，原告である男性からの「求婚」を証明する必要があった。男性が求婚したという事実は，その相手である女性が結婚前から品行方正であり，貞操観念があることを意味した。個人の品性 character のなかでもとりわけ結婚前の女性の「性的品行」は，18世紀の社会においては瞬く間に噂となり，あらゆるところで評判の良し悪しがたてられた。求婚の時点で，男性は女性の評判を認識していたはずであり，性的評判の悪い女性をめとった男性は，彼自身の評判を落とすことになった。ローズがローマックスから求婚されていたと主張したのは，自己の性的品行の良さを主張するためである。最後に，「秘密婚」の有効性を証明するうえで，結婚相手との「同居」の証明も重要であった。婚姻の証明において，同居の事実から婚姻関係の存在を法的に

推定することがたびたびなされていた。しかしその推定においては，被告女性の同居中の貞操が条件であった。フリート・マリッジによって結ばれた別の男女による訴訟，コンラン対ロウ（Conran v. Lowe 1754 年）において，被告メアリ・ロウは証人たちによれば「売女」whoreであった。その内容を重く見た裁判官は，同居の事実から婚姻関係を推定することを拒否している。結婚後に同居がなかった場合は，男性からの「求婚」および「貞淑な女性であること」の証明が重要であった（Phillimore, 1833, pp. 630–40）。

　結婚の約束における関係と異なり，「秘密婚」においては，夫婦間に権利・義務関係が発生した。ロンドン主教裁判所に提訴されたハーヴィ対コグラン（Hervey v. Coghlan 1771 年）の原告と被告もまた，フリート・マリッジによって結ばれたが，原告である夫ハーヴィはそこから発生する妻の相続権を奪うために，結婚詐称訴訟を利用しようとした。この訴訟は，最終的には上訴先の国王代理官裁判所で争われ，両者の秘密婚は有効とされた。ハーヴィの訴えは取り下げられている（WSRO, Acc5979/2, pp. 234–58; LMA, DL/C/176, ff. 319–27; E. R., 96, pp. 516–7）。

　ハーヴィ対コグランおよびコンラン対ロウの事例が明らかにするように，教会裁判所は秘密婚を取り締まるハードウィック婚姻法（Hardwicke's Marriage Act, 26 Geo. II. c. 33, 1754 年施行）の規定を全面的に適用しなかった。同議会制定法は，秘密婚を無効にすることを定めたが，教会裁判所はむしろ当事者とその親族が置かれた状況に即した判断を下そうとした。条件つきで秘密婚を有効とし，当事者たちの関係の維持をできるだけ（しかし，ときには無理矢理）はかろうとした。

4　結婚詐称者としての烙印

　18 世紀の教会裁判所には「未成年」「精神障害」「性的不能」「近親婚」「重婚」など教会法に基づく「婚姻障害」を理由に，婚姻を無効にする訴訟が存在したが，結婚詐称訴訟はこれらの訴訟とは異なる性質をもっていた。挙式してから関係が破綻した者の中には，あえてこれらの婚姻無効訴訟を利用せずに相手を「結婚詐称者」として訴える者も多く含まれていた。結婚詐称訴訟の被告たちは，婚姻（婚姻契約）の身分を偽ったかどで訴えられていた。同訴訟には「名誉毀損訴訟」の性質が入り混じっている（Helmholz, 2003, p. 654）。結婚は有効な婚姻手続きの下，周囲の認知によって成り立つ両性にとって名誉ある社会的身分であった。原告の主たる目的の一つは，被告に「悪意ある詐称者」としての烙印を押すことで，結婚相手としては不適格な被告と結婚した（あるいは結婚の約束をした）という不名誉を拭い去り，周囲の非難と侮蔑から親族

を守ることであった。自らが婚姻手続きに関わったことを前提とする婚姻無効訴訟においては，自己の責任を認めざるを得なかったが，相手を「結婚詐称者」とすれば，周囲の非難からも多少は逃れることができた。他方で，被告およびその親族にとって重要であったのは，訴状で主張されている「悪意」の存在を否定し，婚姻手続きには原告の意志が伴っていたとして原告の主張の虚偽を証明することであった。

　原告が訴える被告の結婚詐称行為は様々であった。ノウラー対ギップス（1737年）の原告によれば，被告ヘンリ・ギップスは然るべき結婚の約束をしていないのに，教区民の前で「神の面前で結婚した」と言いふらした。ローマックス対ローズ（1720年）の場合，結婚式を執り行った聖職者は「国教会の聖職者」ではなく偽の聖職者であった。被告メアリ・ローズは「偽名」を用いて夫婦として同居することに合意し，ローマックスの妻であると周囲に公言したとされた。ハウク対コリ（Hawke v. Corri　1819年）では，原告と被告が取得した婚姻許可証も，挙式を執り行った聖職者も偽物で，被告オーガスタ・コリは「ハウク姓」を用いながら，妻として振る舞っていたと主張された（E. R., 161, pp. 743–7）。

　教会裁判所の裁判官たちの心中で，婚姻（婚姻契約）の身分を詐称する「悪意」のある人物像と，貞操観念のない女性は強く結びついていた。しかし，彼女たちが「詐称者」の汚名から逃れる方法は複数存在した。秘密婚の場合，被告である女性は自己の性的品行の良さを証明する必要があったが，たとえ不利な証拠しかなくとも，証人たちの協力で教会裁判所の判断に影響を与えることができた。例えば婚前妊娠は，性的二重規範が強固であった時代において，妊娠させた男性よりも妊娠した女性の過失であると見なされたが，そのような女性の性的品行の良さの証明は，証人たちの協力次第であったことが史料から読み取れる。ウォルトン対ライダー（Walton v. Rider　1752年）において，被告レイチェル・ライダー（24歳）は，原告ウィリアム・ウォルトン（結婚時は20歳，訴訟時は牧師）と関係をもち婚前妊娠した2か月後に，フリートで結婚した。ライダーは親族と近隣の人々に自身の妊娠と結婚について事後報告した。親族が彼女に出産の場を提供し，親はウォルトンが妻子の扶養を決意するまでの二人の別居を許可したという。ライダーを幼いころから知っている人々が彼女の性格と品行のよさを証言した。ウォルトンは，ライダーとの秘密婚の後，別の女性と結婚したが，この訴訟によってその結婚は無効となった。ウォルトンとライダーは25年間にわたり別々の生活を送っていたにもかかわらず，教会裁判所は両者の婚姻は有効であると判断した（Phillimore, 1833, pp. 16–29）。ウォルトンの事例からは秘密婚を執り行った被告女性の「品行の良さ」の証明

は，周囲の人々との交渉にかかっていたことが窺える。

　婚姻手続きに「虚偽」の要素が含まれており，被告女性の性的品行に疑問が持たれる場合でも，訴訟を有利に運ぶことは可能であった。その場合，重視されたのは，原告と被告のどちらが，婚姻手続きを率先して進めたかという点であった。もし婚姻手続きを進める原告の意志を証明できれば，被告は自身の「悪意」の存在を否定できた。ハウク対コリ（1819年）において，原告エドワード・ハウクは，被告オーガスタ・コリは実は彼の愛人であったと主張したが，彼女に「ハウク姓」を使わせていたことで，自ら率先して「夫婦」を演じていたと教会裁判所から判断され，彼の訴えは斥けられた。

　真実がどうであれ，訴訟手続き上のルールが被告を結婚詐称者にしてしまうこともあった。被告としては，もし婚姻手続きの有効性を立証できそうにない場合は，原告も夫婦として（あるいは約束を交わした相手として）振る舞っていた，と相手の責任を主張し，自身に「悪意」がなかったことを主張する選択もなしえたはずであった。ヘンリ・ギップスは，ノウラーと真に結婚する意志がありながらも，「将来挙式する」というノウラーとの約束に証人が伴わず，言葉に効力がないことを自覚していた。ノウラー側の弁護士ジョージ・リーの下記の手稿からは，防御の選択を迫られた被告の複雑な立場が浮かび上がる。ギップスは当初，訴状を全面否認した。しかし，これは訴訟戦略上のミスであった。法廷は「詐称者」の烙印を押す前に，被告に原告との交渉の余地を与えるつもりであった。

　　ギップス側は，訴状の事実を全面的に否認した。しかし後になって，ノウラーとの結婚を頻繁に言いふらしたことは確かだが，それは彼女が将来結婚すると約束したからであると主張した。…ギップス側が弁明して，ノウラー側に訴訟を取り下げさせるという選択もあったはずだが，ギップス側はすでに訴状の事実を否認し，ノウラー側はギップスが言いふらしたことを証明してしまっていた。…（事情を知った）裁判官は，ノウラー側の勝利の判決文にサインすることを拒否した。ギップスが現在形の言葉によって，結婚した，もしくは婚姻契約を交わしたと公言したゆえに，裁判所は判決においてこの婚姻契約について永遠に沈黙するように彼に言い渡した。しかし，フランシス・ノウラーが未来形の言葉で結婚を約束したことをギップスは証明したため，裁判所は訴訟費用の支払いを命じなかった（LIL, Misc 158, f. 88）。

　ギップスがどのようにノウラーとの「未来形の言葉」による約束の存在を証

明したのかは，明らかではない。裁判所はギップスの名誉に一定の配慮を示したが，当初の全面否認は取り消すことができないと最終的に判断した。彼は法律上「悪意に満ちた結婚詐称者」としての烙印を押された。

5 おわりに

　18世紀イングランドの結婚詐称訴訟に関する記録からは，自らの意志に基づいて婚姻手続きを進めた多くの男女の姿が浮かび上がる。神の面前において婚姻契約がなされ，結婚は国教会の聖職者による儀式を条件とするという意識は，当人たちの合意を重んじる個人主義的心性を表すもののように思える。しかしながら，本稿では，婚姻手続きを進めるなかで（あるいは結婚式の後で）両性の関係が破綻したとき，相手に「結婚詐称者」としての公的烙印を押す人々の心の在り方をみた。個人と個人の関係の破綻を，より広範な親族と共同体の社会規範のなかに位置づけることを求める人々への法的救済の在り方がそこにはある。

　18世紀のイングランド社会において，教会裁判所は，配偶者の選択をめぐる個人の意志と集団の意志を結婚詐称訴訟によって仲介し，秩序づけた。婚姻手続きが有効であるかどうか，そして結婚（結婚の約束）を公言した被告に「悪意」があったかどうかをめぐる争いにおいて重視されたのは，証人の存在であった。個人と個人の婚姻契約の際に証人をつけることを要求する司法の姿勢は，両性の結婚への意志が集団の意志から隔離されることの危険性をできるだけ阻止しようとするものだった。また，たとえ個人の意志による秘密婚であったとしても，その破綻に際し，裁判所は原告と被告を良く知る親族・共同体の証言を重視した。当事者である女性の性的品行，男性から女性への求婚，そして夫婦の同居という性的役割観を土台として，集団の意志と個人の意志を調整し，社会秩序の安定をはかろうとする司法の判断が窺える。個人の意思を尊重する教会裁判所の判断は，慣習的価値観に重きを置く姿勢の上に成り立っていた。

　イングランドの結婚詐称訴訟は，配偶者の選択から関係の破綻にいたるプロセスにおいて，18世紀の個人がどのように自身を法と社会規範のもとに結び付けようとしたかを示す一例である。同訴訟で争った男女の間に実際に何が起こっていたのかを訴訟記録から判断するのは難しい。弁護士の手稿は，訴訟の内側における法的やりとりについての情報を与えてくれても，当事者が真に何を思い訴訟を起こしたのかについては明らかにしない。18世紀における家族形成の規範のなかで，男女個人が抱いた結婚の理想と破綻の現実を我々はこれらの史料にかいま見るのみである。

注

1) 少なくとも大陸の一部の地域で同訴訟が起こされていたことが確認されている。
2) ロンドン主教裁判所とアーチ裁判所は，イングランドにおける婚姻訴訟を扱う中心的裁判所で，当時，セント・ポール大聖堂の南方に位置したドクタズ・コモンズ Doctors' Commons 内で開廷されていた。両裁判所において判決は裁判官によって下され，教会法とローマ法の専門家である弁護士が原告と被告の弁護を担当した。
3) これまで歴史家たちは，中世以来「現在形の言葉」による約束が，親の同意のない未成年による「秘密婚」の原因となってきたと説明してきた。「現在形の言葉」による秘密婚は，議会制定法では違法とされながらも，教会裁判所によって有効と判断されたがゆえに，当時の人々の間で混乱を引き起こしたと解釈されてきた。イングランドにおいて，「現在形の言葉」による秘密婚を無効にしたのは，1753年に議会で成立したハードウィック婚姻法であるとの見解が通説となっている。しかし，この見方はレベッカ・プロバートの研究にみることができるように，現在修正されつつある。
4) 現在形の言葉による約束の後，両親が式を挙げずに出生した子供の財産権をめぐる訴訟は，コモン・ロー裁判所の管轄であった。コモン・ロー裁判所は，教会裁判所に対して，両親の結婚の有効性について判断を求めるよりも，子供が挙式の前に生まれたのか，それとも後で生まれたのかについて意見を求めるにすぎず，基本的に挙式の前に出生した子供の財産権を認める姿勢をとらなかった (Probert, 2009, pp. 43–4)。

参考文献

［一次史料］
Lambeth Palace Library
   Court of Arches（LPCA と略）
     Libels, E26/140, E27/36–7, E31/34, E33/123
     Personal Answers, 1661–1798: Ee1–11.
     Depositions, 1664–1800: Eee1–17.
     Sentences, 1661–1797: B4–19.
Lincoln's Inn Library（LIL と略）
   George Lee, Common Place Books, c. 1733–46, Misc. 158.
London Metropolitan Archives（LMA と略）
   Consistory Court of London
     Allegations, Libels and Sentence Books
       1768–72: DL/C/176.
     Deposition Books
       1768–72: DL/C/277–8.
West Sussex Record Office（WSRO と略）
   William Burrell, Reports of Cases Determined by the High Court of Admiralty, c. 1761–78（containing ecclesiastical cases）: Acc5979/2.
English Reports（1909）, vol. 96;（1917）vols 161–2: online.（*E.R.* と略）
Phillimore, J.（1833）, *The Reports of the Cases Argued and Determined in the Arches and Prerogative Courts of Canterbury, and in the High Court of Delegates: Containing the Judgment of the Right Honorable Sir George Lee*, Vol. 1, London: Sunders and

Benning, Law Booksellers.

［二次文献］

Baker, J. (1971), *An Introduction to English Legal History*, London: Butterworths.（小山貞夫訳『イングランド法制史概説』創文社，1975 年）。

Boulton, J. (1991), "Itching After Private Marryings?: Marriage Customs in Seventeenth-Century London," *London Journal*, 16, pp. 15–34.

Brown, R. L. (1981), "The Rise and Fall of the Fleet Marriages," in R.B. Outhwaite (ed.), *Marriage and Society: Studies in the Social History of Marriage*, London: Europa Publications, pp. 117–36.

Foyster, E. (1999), *Manhood in Early Modern England: Honour, Sex and Marriage*, London: Longman.

Gowing L. (1996), *Domestic Dangers: Women, Words, and Sex in Early Modern London*, Oxford: Oxford University Press.

Helmholz, R. (2003), "Canonical Remedies in Medieval Marriage Law: The Contributions of Legal Practice Founding," *University of St. Thomas Law Journal*, 1, pp. 647–55.

Houston, J. (ed.) (1972), *Index of Cases in the Records of the Court of Arches at Lambeth Palace Library, 1660–1913*, Portsmouth: British Record Society.

Ingram, M. (1987), *Church Courts, Sex and Marriage in England, 1570–1640*, Cambridge: Cambridge University Press.

Macfarlane, A. (1978), *The Origins of English Individualism*, Oxford: Basil Blackwell.（酒田利夫訳『イギリス個人主義の起源―家族・財産・社会変化』南風社，1997 年）。

Do, (1986), *Marriage and Love in England: Modes of Reproduction 1300–1840*, Oxford: Blackwell.（北本正章訳『再生産の歴史人類学―1300～1840 年　英国の恋愛・結婚・家族戦略』勁草書房，1999 年）。

McSheffrey, S. (2006), *Marriage, Sex, and Civic Culture in Late Medieval London*, Philadelphia: University of Pennsylvania Press.

O'Hara, D. (2002), *Courtship and Constraint: Rethinking the Making of Marriage in Tudor England*, Manchester: Manchester University Press.

Outhwaite, R. B. (1995), *Clandestine Marriage in England 1500–1850*, London: Hambledon Press.

Probert, R. (2009), *Marriage Law and Practice in the Long Eighteenth Century*, Cambridge: Cambridge University Press.

Stone, L. (1990), *Road to Divorce: England, 1530–1987*, Oxford: Oxford University Press.

栗原真人（1991–92 年）「秘密婚とイギリス近代 (1)–(4)」『香川法学』11–12 号。

第6章　ヒュームとハイエク
―「神」なき世界におけるルールの確立を目指して―

太子堂　正称

1　はじめに

　英国思想の特徴とはなんであろうか。よく知られた分類として，イギリス経験論と大陸合理論の対比がある。主にフランスやドイツなどヨーロッパ大陸で展開された，人間本性にア・プリオリに与えられた理性をもとに演繹を展開していくことで事物のあり方を説明しようとする後者に対して，前者は，経験がまずもって存在し知識や理性はそれが帰納的に蓄積されることで形成されるとする。特に英国のロック John Locke (1632–1704) は人間本性を「タブラ・ラサ」（白紙）であり，そこに後天的に描かれていく経験こそが全ての知識の源泉であるとした。またロックに先立ち，実験とデータの収集に基づく帰納法による科学的分析を確立したベーコン Francis Bacon (1561–1626) や，ロック以後に理性に対する懐疑主義を推し進め，因果関係すらももともと無関係の事物あるいは現象が思考の「習慣」によって結び付けられているだけだと主張し，ドイツ観念論哲学の創始者であるカント Immanuel Kant (1724–1804) を「独断のまどろみ」から覚まさせたヒューム David Hume (1711–1776) も著名である。

　一方，ヒュームと同時代人でアダム・スミス Adam Smith (1723–90) の師であったハチスン Francis Hutcheson (1694–1746)，あるいはリード Thomas Reid (1710–1796) に代表されるスコットランド常識学派はヒュームの懐疑主義を批判して，生得的な「常識」あるいは「道徳感覚」に社会認識の源泉を求めた。ただ，ハチスンの道徳感覚論もリードらの議論も，理性そのものではなく感覚や感情を元にする点で，ロックの経験論の延長線上にあるといえ，その方法論はヒュームも基本的に共有している[1]。

　しかし同じ英国と言っても，よく知られているようにイングランドとスコットランドでは異なる言語や歴史，文化，伝統を持ち啓蒙思想の伝統もまた相違するため，それらの統一的な特徴というものを明示化するのは困難である。その中で，20世紀の自由主義経済学の第一人者であり，ウィーンに生まれナチスの支配から離れてイギリスに帰化したハイエク Friedrich August von Hayek (1899–1992) が，特にヒュームの議論を自らの自由主義の重要な先駆の一つと

して高く評価し，独自の思想史理解を示していることは注目に値する。

彼は論文「真の個人主義と偽の個人主義」（Hayek, 1948）において，個人主義，自由主義の思想史の系譜を二つの類型に分類した。ハイエクによれば「偽の個人主義」の特徴とは，社会から「孤立した個人あるいは自足的な個人」という想定にあると捉えられる。「偽の個人主義者」たちは，そうした様々な特徴を全て剥ぎ取られた完全に仮想的かつ互いに独立した原子論的な個人像を念頭に，そうした構成要素の直接的な集合体として社会を理解しようとする。だからこそ理性の力を持って，そうした個人をどのように組み合わせれば完全な社会を「設計」することができるかが「偽の個人主義者」たちの関心であり，それは全てを見通すことができると過信した権力者による「命令」，そして最終的には自らの力を過信した理性による独裁に行き着くと彼は批判する。その現実的な例が，社会主義国家あるいはファシズムによる独裁や暴政だとされた。興味深いことに，こうした人間像に対するハイエクの批判の射程は，通常，自由経済体制を擁護すると考えられている新古典派経済学の人間像にも向けられている。ハイエクにとって新古典派の原子論的モデルに基づく市場理論は自由社会を支えるものというよりもむしろ，社会主義的な中央当局による経済計画，経済計算の理論的根拠となるものでありそれゆえ厳しい批判対象となった[2]。

一方，ハイエクが擁護する「真の個人主義」の伝統とは，個人を平均的かつ原子論的な主体ではなく，彼らの選好や行動様式をあくまで社会における相互作用の中から生まれてくるものと見なす。換言すれば，個人像成立の背景にある社会性が重要とされる。その上で決定的なのは，そうした誰にも命令されない個人の自発的な相互作用により，社会秩序が「意図せざる結果」として成立することである。それは単一の知性による「設計」でも「命令」の結果でもなく，人間の理性が当初意図していたもの以上の複雑さを生み出すが，まさしく現代社会はそのように構成されている。ハイエクは，ヒュームやアダム・スミスと同じくスコットランド啓蒙思想の重要人物の一人であるファーガスンAdam Ferguson（1723-1816）の言葉「人間の行為の結果ではあるが，人間の設計の結果ではない」を引きつつ，自生的秩序としての市場秩序の重要性を強調する（Hayek, 1967a）。

ハイエクは，こうした「真の個人主義」の伝統に位置する存在として，ロックや，『蜂の寓話』において近代的利己心像による社会形成について革新的な説明を行ったマンデヴィル Bernard de Mandeville（1670-1733），ヒューム，ファーガソン，スミス，フランス革命と絶対王政をともに批判し議会制に基づく漸進的な保守主義を唱えたバーク Edmund Burke（1729-97）といったイギリスの思想家たち，そして大陸側からもフランス革命批判やアメリカ民主制の

擁護で名高いトクヴィル Alexis de Tocqueville（1805–59）らをこちらの陣営に加えている。彼らは，個人の商業活動における一見，近視眼的な利益追求こそが，社会全体の秩序やその発展，さらには学問，文化の興隆を生み出すと考えた点で高く評価されている。

　他方，「偽の個人主義」の伝統に属するとされるのが，主に大陸側であるフランスのデカルト René Descartes（1596–1650）や百科全書派，ルソー Jean-Jacques Rousseau（1712–78），そしてケネー François Quesnay（1694–1774）らの重農主義者たちである。彼らは上述の原子論的個人観に基づいて，社会現象を単純な要素の組み合わせや「設計」，「命令」によって任意に構築できると誤って信じたと批判される。さらにまったく同じ理由からハイエクは，イギリス経験論の創始者であるベーコンや功利主義思想確立の立役者であるベンサム Jeremy Bentham（1748–1832）をも，こちらの「偽の個人主義」に加えている。

　こうしたハイエクの観点は，従来のイギリス経験論と大陸合理論という二項対立に新たな視点を投げかける点では興味深いものの，その思想史理解が自らの自由主義理論を正当化するための相当にバイアスがかかったものになっていることは否めないだろう。彼はウィーンに生まれオーストリア学派経済学の中心人物として活動しつつ，特にイギリスの市民権を獲得した後はヒュームやスミスに代表されるイギリス自由主義の伝統に傾倒したが，イギリス思想史をそうした文脈のみで理解するのは正当ではない。ベーコンやベンサムはもちろん，オーウェン Robert Owen（1771–1858）やラスキン John Ruskin（1819–1900）といった初期社会主義や社会改革の伝統，またハイエクの最大の論敵であったマクロ経済学の創始者であるケインズ John Maynard Keynes（1883–1946）の裁量主義，あるいは同じく彼が批判した，日本を含む第二次世界大戦後の福祉政策の青写真を描いたベヴァリッジ William Henry Beveridge（1879–1963）の福祉国家論などを抜きにしてイギリスの思想史理解は成り立たない。

　しかし，むしろそうしたイギリス思想史の多様性を前提にするならば，ヒュームからハイエクにつながる重要な思想的系譜は確実に存在し，一つの大きな流れを形成している。そうした観点に基づき本章では，彼らの激しい宗教批判や，理性主義批判，そしてそれに代わって慣習に理性や社会秩序の根拠を求める世俗的かつ漸進的な社会経済思想の特徴と意義について考察したい。以下，第2節では，ヒュームのキリスト教批判を，第3節では，それに基づく彼の脱宗教化された世俗的自然法論を，第4節では，そうしたルールを基にした経済社会の発展を，そして第5節では，ハイエクの理性主義批判と独自の知識論，その自由主義との関連について議論していく。

2 ヒュームの宗教批判

　ヒュームをその同時代の思想家たちから区別する特異性とは，その徹底した宗教批判であろう[3]。奇蹟や預言を元に神の存在を主張する啓示宗教や，自然科学の進展によって解明が進んだ世界を貫徹する根本原理としての自然法則を認めつつ，その第一の設定要因として神の存在を認める自然宗教あるいは理神論の両者を彼は批判した。特に因果関係は世界の法則的理解の中心と考えられるが，ヒュームは上記のようにそれは過去に継続して起こっていたことは今後もそのように生起するはずであるという人間の思考習慣（蓋然性）に基づくものに過ぎないとみなす（Hume, 1739-49）。しかしここで彼は因果関係に基づく自然現象あるいは社会現象を，幻想であり無意味だと批判したのではない。彼の意図は，世界の根本原理を神あるいは理性といった究極的な概念に還元することは不可能であり，それらはあくまでも現象の確実性に対する人々の信念，すなわち蓋然性の高さのみに帰着するものであり，それ以上を論証することは不可能だと述べることにあった。それゆえ彼は，理性の存在や有効性そのものを批判したのではなく，その盲目的な絶対化に警鐘を鳴らすとともに，それが成立するにあたっての根拠や条件を探求したのであった。

　加えてヒュームは，「迷信」と「熱狂」批判という形で，キリスト教布教における二大潮流であるカトリックとプロテスタントを批判する（Hume, 1741-2）。人間は合理性で割り切ることができない不運な状況に多々陥るために恐怖や不安にさらされ，それらはさらに人間を人間たらしめている持ち前の想像力によってどんどん増幅されていく。こうした「弱さ，恐れ，憂鬱，および無知」になんとか折り合いをつける手段として「儀式や式典，苦行，生け贄，供物」といった「迷信」が人間社会で要請される。一方，また人間はその才能や努力はもちろん，「狂信」の場合と同じく運の要素によって予想も付かない成功を収めることが往々にしてあり，高揚感や傲慢さにとらわれる。ついにはこれもまた想像力の作用によってどんどん増幅され，自らを「神の寵児」あるいは「神聖さ」を体現したものとみなすようになる。すなわち「熱狂」である。「迷信」はカトリックに，「狂信」はプロテスタントにおおむね対応する。

　ヒュームが述べるところでは，「迷信」には空想的産物に過ぎないものによって人々を抑圧し隷属化する「腐敗」をもたらす傾向がある一方，「熱狂」は新奇な事を始める大胆さや野心の一助となるために，「迷信は市民的自由の敵であり，熱狂は市民的自由の友である」として，両者に対する評価には差がある。しかし，自己を絶対化して神聖化し批判や異論を省みることのない「熱狂」は，同様にやはり「腐敗」をもたらし人々や社会を抑圧する。こうした意味で「迷信」と「熱狂」はともにヒュームが擁護する穏健な理性の敵であり，「偽の宗

教」なのであった。ただそうした言い方にも現れているように，彼は宗教を全面的に否定したというよりは，「偽の宗教」と対比される「真の宗教」の存在の可能性を示唆しているようにも思われる。しかし，その具体性について明確に語ることはなかったこともあり，こうしたヒュームの懐疑論的態度は左右の極端をともに強力に批判することで結果として中庸を擁護するという興味深い特長にもかかわらず，その徹底した姿勢は同時代の識者からの多くの反撥を招いた。上述のハチスンの反対もあって彼は生涯，大学でのポストを手にすることはなかった。

3　ヒュームの経験的自然法論

　既に述べたように，ヒュームの懐疑主義，宗教批判は過度の理性主義への批判とも期を一にしていた。彼の有名な言葉にあるように，あくまでも「理性は情念の奴隷」，すなわち感情や情念が先にあり，それらが洗練され馴化されることによって初めて理性が立ち上がるのである (Hume, 1739–49)。ヒュームの思考様式の特徴の一つである二正面批判は，その社会哲学においても際立っている。当時の思想家たちは，「正義」のルール —端的には自らの持ち物と他人の持ち物を区別する所有権の確定とそれを基にした契約のルール— の根拠を巡って思考をめぐらせたが，ヒュームは次のような正義論を展開した[4]。

　まず彼は，徹底した宗教批判や単一の理性による画一的な「設計」に対する批判とともに，自己防衛としての利己心を持った人間が，自己保存の危機を恐れて社会契約によって制度を構築する（それ以前に「社会」は存在せず，「万人の万人に対する闘争」状態のみがある）とするホッブズ Thomas Hobbes (1588–1679) の議論を批判する。また，ロックが主張したような，生まれながらに与えられた自分自身の身体が労働によって新たな価値を付け加えるからこそ所有権が「自然権」として生じるのであり，それを複雑な社会において人々が理性による意図的な社会契約によって，人々の生命や，健康，自由，財産を保証するルールを確定させる（こうしたロックの人間理解はキリスト教的な神の存在によって裏打ちされている）という労働所有権論も否定した[5]。さらにヒュームは，こうした社会契約論に対する批判と同時に，人間を本性的に利他的かつ社会的であり「仁愛」を中心としたア・プリオリな道徳感覚によって社会が形成されるとするハチスンの主張をも否定する[6]。

　ヒュームにおける人間本性はあくまでも「限られた寛容性」しか持たず，なによりも「自己利益への関心」を基とするが，しかしそれは社会契約論の先駆者ホッブズのように自己保存のみを目的とした単なるエゴイズムではない。ヒュームの議論においては利己心そのものが社会秩序形成の契機となる。すな

わち所有権を維持する正義のルールが生じるのは，それを遵守することが各人の利益となり，侵犯することが各人の不利益となるという人々の感情に基づく判断によってである。それは意図的かつ設計的な契約ではなく，長期的，連続的な過程としての「コンヴェンション（黙約：convention）」―慣習的取り決め― として遂行されていく。ヒュームにとって人間は確かに利己的な存在であるが，だからこそそれを巡る相互依存の関係によって漸進的に社会が成立するのである。利己心そのものの捉え方ではロックとヒュームは類似しているが，そこから社会規範を導出する過程には直接的な社会契約と暗黙的な「コンヴェンション」という大きな相違がある。

　「コンヴェンション」による市場社会の正義のルールや法制度の確立は，どこまでも世俗的な利益を巡る人間行為の繰り返しの中で生じてくるという意味で徹頭徹尾「人為的」であり，そこに宗教的概念の介在する余地はないし，同時に，理性による合理的設計でもない。神でもア・プリオリな理性でもなく，長期的過程としての人為やその感情，情念の積み重ねの中に，ある種の普遍性あるいは一般性が生じるという点にこそ，ヒュームの社会哲学の核心がある。その意味で，正義のルールは万人に共通する「自然法」であると彼は呼んだ。古来，自然法とは神の摂理といった宗教的観念を背景にしていたが，彼はそれを全く世俗的な側面から換骨奪胎し，再構成したのである[7]。

4　経済活動に基づく漸進的社会の発展

　経験の累積的な蓄積の中に一般的なルールを見出そうとする態度は，ヒュームや盟友アダム・スミスの経済学にも貫徹している。ヒュームはスミスに先んじて，貿易差額の蓄積による国内の金銀の増大のための保護貿易を経済政策として主張した重商主義を批判した。その上でスミスは『国富論』執筆に当たって，ケネーをはじめとするフランスの重農主義に大きな影響を受けた。彼らは指導者と共通の思想を持った史上初の経済学派と呼べる存在であり，国富が生産と消費，そしてそれらを媒介する自由な交易によって発展・拡大していくという着想は経済学の成立に当たって大きな貢献を果たした。しかし，反面，彼らが富の源泉を農業のみであると断じたこと，またそれゆえに農業以外の産業を極めて軽視したこと，加えてなにより農業を機軸とする「自由」な経済社会を理性による「合法的専制」によって「設計」し作り出そうとしたことは，スミスあるいはヒュームにとって受け入れがたいものであった。そのためスミスは，まるでチェス盤上の駒のように人間主体を捉え，それを並び替えることで理想的社会を構築できるとする重農主義の「体系の精神」を批判した。(Smith, pp. 233–234 / 下巻144–5頁）

それらはまさに専制であると同時に実現不可能であり，強行すれば多数の悪影響や混乱が生じるとスミスは懸念した。もちろん重農主義者たちの主張は，封建的なアンシャン・レジームに支配されたフランスをいかに近代社会に転換させるかという問題意識にあったが，しかしスミスにとって自由な経済社会，すなわち「自然的自由の状態」とは権力者による「設計」ではなく商業を基にした，あくまでも既存の制度の漸進的な改良によって達成されるべきものであった。

　ヒュームもそうした観点から重農主義者たちの設計主義を「もっとも傲慢な者たちの集まり」(Hume, 2011, p. 205) と非難するとともに，ピューリタン革命後のイギリス社会において平等主義の観点から所有の完全な平等を求め，所有権それ自体に異議を唱えた「水平派 (levelers)」と呼ばれる人々を「おそらく宗教的な種類のそれから発生した一種の政治的狂信者」とし，「人間社会にとって極度に有害」かつ「社会をもっとも極端な窮乏に陥れ」，最終的には「圧制」を招くと痛烈に批判する (Hume, 1751, p. 20 / 33頁) ヒュームは，権力者や理性による「設計」ではなく，個々人の利己心による「奢侈の快楽と商業の利益」こそが生産技術を向上させ，より多くの快楽や利益を求めて人々を「勤勉」にするとともに，生活様式を「洗練」させ発展を可能にすると主張する。さらにそうした「洗練」は単に経済活動のみに留まらず，それが「自由な学芸」をも生み出し文化的な「洗練」をも生み出していく。彼は以下のように述べる。

　　「偉大な哲学者や政治家，有名な将軍や詩人を生み出す時代は，通常，熟練した織布工や船大工がたくさんいる。天文学を知らない，あるいは倫理学を軽視する国民において，一枚の毛織物が完全に織られるとは，当然，期待できない。時代の精神はすべての技芸に影響を及ぼす。」(Hume, 1752, p. 26 / 24頁)

　こうして生産技術や学問，文化としての技芸が発展するにつれて，人々はより「社交」を楽しむようになる。人々は知識を得ると共に，会話を通じてそれらや衣食住についての嗜好を互いに披露しあう。こうした「虚栄心」がより人々の快楽を高めると人間のあり方自体をより「洗練」させていくのである。

　商業社会の展開が新しい人間像をも切り開くというこうしたヒュームやスミスの着想においては，経済発展が人々を結び付けていた旧来の価値観をも破壊し，経済格差の拡大や貧民の増大，環境破壊を招くなど近代以降に新たに深刻となる様々な問題については射程の中心になかったことは限界として挙げられよう。その意味で彼らの思想は楽観的と言えるかもしれない。しかし，経済活

動や利己心を個人や社会を堕落させる悪徳と見なすキリスト教的，あるいは封建道徳的社会認識を反転させ，多様な価値観を含んだ文明社会の発展の原動力としての経済活動を最大限に容認したこと，そして，それを支える骨組みとしての世俗的，経験的な自然法としての正義の規則の確立こそが経済学を誕生させるとともに，18世紀から現代に至る近代社会，産業社会をも支える思想的根拠となったのである。

5　ハイエクの「反合理主義」的自由主義

　ハイエクは，1967年の論文「デイヴィッド・ヒュームの法哲学と政治哲学」(Hayek, 1967) においてイギリス思想史におけるヒュームの意義を賞賛し，マンデヴィルからヒューム，スミスを経て自らに流れ込む自由主義を「反合理主義 (anti-rationalism)」的，もしくは「進化論的 (evolutionary)」自由主義と名付けた。反合理主義という用語は誤解を生みやすいが，理性の役割を否定することではまったくない。それは「理性が適切に統御される領域を合理的に検討すること」である。換言すれば，理性を否定するのでも絶対視するのでもなく，その限界を見据えながら，どのような条件であればそれが正当化できるのか，その成り立ちや使用法を注意深く検討していく態度を指しており，理性を全面的に放棄し本能的感覚や事物の直覚的把握に訴える「不合理主義」や神秘主義とも厳密に区別される。

　こうした観点からハイエクは，理性をア・プリオリで普遍的な認識・判断能力と見なすデカルト主義に代表される大陸の合理主義を批判した。デカルト以来の合理主義が理性をあたかも万能な主体であるかのように把握し，社会現象を構成する伝統や慣習の外部に立つ超越的なものと考えてきたのに対して，そうした態度を理性の傲慢，「致命的な思い上がり」として批判するハイエクの反合理主義が主張する理性概念は，伝統・慣習等の歴史的諸状況に根拠付けられ，制約され，しかしまたそれによって進化してきたものである。人間がそこから遊離した位置に立つことは不可能なのである。

　そのように個人一人一人が見通せる理性の範囲には限界があり，その意味で人間は根源的に「無知」である。確かに，現在の文明は数多くの複雑な知識によって成立しているが，それらを明示化しマニュアル化できる範囲は相当に限られている。例えば，自転車に乗る際の体の使い方について考えてみよう。一度慣れれば誰でも自転車に乗ることは相当に容易ではあるが，ではどのようにしてそれを行っているのかを全て説明すること，文章化することは不可能である。自転車に乗るためには，ある程度の説明を聞いた後は，実際に試行錯誤して体得するにない。当然のこととして知ってはいても，それを明示化し説明で

きることはまったく別の範疇に属する。まさに現代社会は，誰も全体を統一的に把握することのできない，そうした知識の集積によって形成されている。

こうした各個人や経済主体に「分散した知識」という知識論こそがハイエクの自由論や市場論の根幹を成している（Hayek, 1948）。市場においても，何をどのようにどれだけ作ればよいかを前もって見通し計画することはできない。それは価格変化を通じた市場による試行錯誤の結果としてあくまでもその取引の後に現れてくるものであり，市場のみがそうした知識を媒介する。市場は，前もって特定の結果を人々に強制したり命令したりすることはない。またそれはゼロサム・ゲームあるいは「万人の万人に対する闘争状態」ではなく，交換によって互いの知識をマッチングさせ将来への更なる指針を与える空間であり，そのためには不正や詐欺，暴力的手段を禁止する消極的かつ一般的なルールが必要となる。

その意味で，彼の自由擁護論はけっして自由放任（レッセ・フェール）という意味ではない —それは，ヒュームやスミスが批判した重農主義の標語であった—。よく誤解されるような，放任しておけば最適な秩序やルールが勝手に生ずるといった主張をハイエクはなんら行っていない。各経済主体に「分散した知識」を前提とし，それが最大限に発揮できるような制度的枠組みの下でこそ自由な社会秩序が発展するのであり，だからこそ一般的ルールによる「法の支配」が必要とされる[8]。

そこにおいて人間が制定できるのは，あるいは従うことができるのは，あくまで特定のルールであり，特定の社会秩序ではない。このルールと秩序の区別はハイエク思想において極めて重要である。社会秩序はあくまで人間の行動によって事後的に形成されるものであって，繰り返すように，けして最初から全体を把握することも設計することもできない。無理に行おうとすれば独裁や監視社会を招くだけである。可能なのはその枠組みの中で人々が自由に振舞えるようなルールを設定することだけであり，同時のそのルールすらも長期的な試行錯誤の中で「発見」されていく。市場とはそうした知識を媒介する「発見的手続きの競争」（Hayek, 1948）の場であるからこそ重要なのである。

ハイエクは，貧富の格差や貧困の問題を解決するために，そうした市場の役割を否定，あるいは軽視し，特定の理念に基づいて大規模な再分配や経済計画を正当化しようとする「社会正義」の理念を厳しく批判する。もちろんそれらは矛盾が渦巻く社会を改良あるいは改革しようという善意や熱意あるいは良心に基づいているが，そうした理念の盲目的信仰と，社会の理想状態を設計し構築できるという過度の理性信仰が合わさって，20世紀の社会主義やファシズムの暴虐が生まれ，自由を抑圧したというのである[9]。

彼は，こうした「社会正義」の観念を「偉大な社会を破壊しかねない根深い情緒を支えるのに貢献する強力な呪文」，あるいは「道徳的衝動によって動かされた何百万もの人々の熱狂的支持」（Hayek, 1976. p. 133–4 / 183–5 頁）であるとして狂信的宗教との同質性を示唆する。その意味で「社会正義」とは，全知全能の神という概念を安易に擬人化して社会科学に引き継ぐ「神人同系同性論説」，あるいは，市場社会の発展の影に，それに反撥して旧来の村落共同体への昔懐かしい郷愁を求める「部族社会の情緒」という原始的本能への「先祖返り」であり，本来の理性のあり方と対極にあるものと彼は見なした。ヒュームと同じくハイエクの自由主義思想も宗教批判を基にしている。

　しかし，ヒュームにとってキリスト教批判が，いまだ多くの基盤を宗教的要素に置いていた当時の時代状況を批判し現代につながる思考枠組みを抽出する上で本質的な作業だったのに対し，ハイエクの宗教観は，他方で伝統や慣習が成立するための一助としてその役割や機能に限定して有効性を認める一面もあって評価が揺れており，彼の思想体系における位置づけを明確にしにくい側面もある。一つには，近代社会が既に大きく発展し「神は死んだ」（ニーチェ）後の 20 世紀の思想家であるハイエクにとって，宗教はもはや関心の中心そのものからは外れており，それに対する批判はヒュームほどの切実さを持っていなかったとも言えるかもしれない。しかし今日でも，日本を含む先進国においてすら人々の行動様式の背後には良くも悪くも宗教的価値観が多分に存在している。グローバル社会の展開とともに拡大する異文化間あるいは異文明間の対立の問題を含め，その「真」のあり方とリベラリズムの関係についてはさらなる検討が迫られよう。

　ただハイエクはファシズムや社会主義，福祉国家論などのイデオロギー性を強く批判したが，同時に社会科学におけるイデオロギーあるいはユートピア概念の重要性についても強調していることは重要である。イデオロギーに対する徹底的な批判が過度の価値相対主義やニヒリズムへとつながり，その不安がむしろ全体主義を招来したとして，ハイエクは理想的な社会，ユートピアを究極的な目標として置くこと自体はむしろ不可欠であるとする。例えば，アダム・スミスが自由貿易の理念をユートピアとして提示したからこそ，世界は自由な社会へと進んでいったと彼は指摘する（Hayek, 1973, p. 65/87 頁）。悪しきユートピアと良きユートピアの違いは，それが「社会正義」に基づいて人々に具体的な行動を命令し強制する社会か，「法の支配」の理念に基づき，あくまでもしていけない範囲のみを定めそれによって人々の自由な活動を保証する自由な社会かの違いである。その意味で，ハイエク思想は，モア Thomas More（1478–1535）の『ユートピア』，ハリントン James Harrington（1611–1677）の『オ

シアナ』，スウィフト Jonathan Swift (1667–1745) の『ガリバー旅行記』，モリス William Morris (1834–1896) の『ユートピアだより』といった，イギリスにおいて連綿と織り成されてきたユートピア思想の系譜の一脈を受け継ぐものであるともいえるだろう[10]。

6　おわりに

　これまでヒュームとハイエクの宗教批判および盲目的な理性主義への批判と，それに代わる穏健な理性およびそれに基づく社会制度の構築の擁護について議論してきた。時代の差，そして生まれた国の差を越えてヒュームとハイエクを貫く思想，それは彼らが，社会を維持し発展させるためのルールや制度が，宗教的背景や科学的還元主義に立脚せずに，いかにして普遍性あるいは正当性を獲得するかという問題について考察していたということである。彼らは常に両極端の思想を同時に批判することで，それらを超えたものを主張しようとしてきた。こうした手法自体が，その議論に対する多くの反撥を招いた要因の一つではあるものの，そこには常に旧来の思考法と新たな価値理念がぶつかる中で，それらを調停しようとする道筋を見出していこうという態度があり，結論自体はむしろ穏当なものであるとも言える。近年，ヒューム研究が海外でも日本でも盛んに行われている理由の一つは，まさにそうした態度にあるだろう。ハイエクの思想もまた，社会主義や福祉国家を批判する単なる自由主義のイデオロギーという狭い理解を超えて，その知識論と漸進的な社会の進展という考えが，政治的な立場は異なるもののイギリスの労働党左派も含んだ層に影響を与えつつある (Griffiths, 2014)。

　その意味で，冷戦構造は20年以上前に終結したものの，「歴史の終わり」(F・フクヤマ) どころかむしろ価値対立や宗教対立がいっそう深まる現代社会において，自らの立場を盲信することなく建設的な対話の枠組みや理性の適切なありかたの再検討を行っていく上で，こうした両者の立場が訴えるものは依然として小さくないと思われる。

注

1)　スコットランド常識学派あるいは道徳感覚学派については，柘植 (2009) を参照。
2)　こうした理解は，ハイエクに留まらず，1920年代後半から30年代初頭にかけて行われた社会主義経済計算論争において，彼とは対立する立場から計画経済における市場メカニズムの有効利用を主張したオスカー．ランゲたちも共有していた。詳しくは，西部 (1996) を参照。
3)　ヒューム宗教論については，Gaskin (1993)，斎藤 (1997) を参照。
4)　「正義概念」の位置づけの問題は，近年の M. サンデル (M. Sandel, 1953–) の取り上げられ方にも現れているように，現代においても依然刺激的な論争の的となっている。

5) 社会契約論を現代的再構成の元に復興させた論者としては,「正義論」復興の旗手 J. ロールズ（John Rawls, 1921–2002）や，ロックの自然権論の現代的再構成によるリバタリアニズム（自由尊重主義）の立役者 R. ノージック（Robert Nozick, 1938–2002）がおり，イギリスの古典的啓蒙思想の概念枠組み，あるいはその論争を現代に引き継いでいる。
6) 個人の利他性を強調するハチスンの議論は，ヒュームやスミスの議論に取って代わられたと見なされることもあったが，近年の行動経済学や神経経済学の興隆もあり，近年見直しが進んでいる。
7) こうしたヒューム解釈の泰斗としては，Forbes (1975) や Haakonssen (1981) が挙げられる。
8) こうしたハイエクの「法の支配」論は，ヒュームの経験的自然法論を継承するものである。詳しくは，太子堂 (2005) を参照。
9) 一方，ハイエクは福祉制度を全面的に否定したわけではなく，最低所得保障や強制的健康保険，年金制度，義務教育などを自由な社会の条件の一つとして容認している。詳しくは，太子堂 (2011) を参照。
10) ハイエク理論のユートピア性について否定的な観点から取り上げているものとしては，Hodgson (1994) が，肯定的観点からは Sciabarra (1995) が挙げられる。また，ノージックも『アナーキー・国家・ユートピア』（Nozick, 1974）において，その最小国家論に基づくリバタリアニズムが，一つの理念を構成員に強制するのではなく，多様な理念に基づく共同体の共存を目指す枠組みを構築すると言う意味で，ある種のユートピアであると述べている。

参考文献

Forbes, D. (1975) *Hume's Philosophical Politics*, New York: Cambridge University Press.（田中秀夫監訳『ヒュームの哲学的政治学』昭和堂，2011 年）。
Gaskin, J. C. A. (1993) 'Hume on Religion', in David Fate Norton (ed.) *The Cambridge Companion to Hume*, Cambridge: Cambridge University Press.
Griffiths, S. (2014) *Engaging Enemies: Hayek and the left*, Rowman & Littlefield.
Hayek, F. A. (1948) "Individualism: True and False", in *Individualism and Economic Order*, Chicago: The University of Chicago Press.（嘉治元郎・嘉治佐代訳「真の個人主義と偽りの個人主義」『個人主義と経済秩序（ハイエク全集 I-3 新版）』春秋社，2008 年）。
do. (1967a) 'The Results of Human Action but not of Human Design' in *Studies in Philosophy, Politics, and Economics*, Rutledge & Kegan Paul（八木紀一郎他訳「行為の結果ではあるが，設計の結果ではないもの」『思想史論集（ハイエク全集 II-7）』春秋社，2009 年）。
do. (1967b) "The Legal and Political Philosophy of David Hume", in *Studies in Philosophy, Politics, and Economics*, London: Rutledge & Kegan Paul（八木紀一郎他訳「デイヴィッド・ヒュームの法哲学と政治哲学」『思想史論集（ハイエク全集 II-7）』春秋社，2009 年）。
do. (1973) *Law, Legislation and Liberty, volume 1: Rules and order*, Chicago: The University of Chicago Pres.（矢島鈞次・水吉俊彦訳『ルールと秩序―法と立法と自由〈1〉』（ハイエク全集 I-8 新版）』春秋社，2008 年）。

do. (1976) *Law, Legislation and Liberty, volume 2: The Mirage of Social Justice*, Chicago: The University of Chicago Pres.（篠塚慎吾訳『社会正義の幻想―法と立法と自由〈2〉（ハイエク全集 I-9 新版）』春秋社，2008 年）．

Hodgson, G. (1994) "Hayek, Evolution, and Spontaneous Order", In Philip Mirowsk (ed.) *Natural images in Economic Thought* Cambridge: Cambridge University Press, pp. 408–447.

Hume, D. (1739–40) *A Treatise of Human Nature*, ed. by David Fate Norton & Mary J. Norton, Oxford University Press, 2000.

do. (1741–2) *Essays Moral, Political, and Literary*, ed. by E. F. Miller, Liberty Fund, 1987.（田中敏弘訳『道徳・政治・文学論集［完訳版］』名古屋大学出版会，2011 年）．

do. (1751) *An Enquiry Concerning the Principles of Morals*, ed. by Tom L. Beauchamp, Oxford University Press, 1998.（渡部峻明訳『道徳原理の研究』哲書房，1993 年）．

do. (1752=1777) *Political Discourses*, ed. by Knud Haakonssen, Cambridge University Press, 1994.（田中秀夫訳『ヒューム政治論集』京都大学学術出版会，2010 年）．

do. (2011) *The Letters of David Hume Volume 2* ed. by J. Y. T. Greig, Oxford University Press.

Haakonssen, K. (1981) *The Science of a Legislator: The Natural Jurisprudence of David Hume and Adam Smith*, New York : Cambridge University Press.（永井義雄，鈴木信雄，市岡義章訳『立法者の科学：デイヴィド・ヒュームとアダム・スミスの自然法学』，ミネルヴァ書房，2001 年）．

Nozick, R. (1974) *Anarchy, State, and Utopia*, Oxford: Blackwell.（嶋津格訳『アナーキー・国家・ユートピア―国家の正当性とその限界』木鐸社，1995 年）．

Sciabarra, C. M. (1995) *Marx, Hayek and utopia, State*, New York: University of New York Press.

Smith, A. (1759) *The Theory of Moral Sentiment*, ed. by D. D. Raphael, A. L. Macfie, Oxford: Oxford University Press, 1976.（水田洋訳『道徳感情論』』全二巻，岩波文庫，岩波書店，2000–2001 年）．

斎藤繁雄（1997 年）『ヒューム哲学と「神」の概念』法政大学出版局．

太子堂正称（2005 年）「ハイエクにおける自然と自然法の概念」京都大学経済学会『経済論叢』第 175 巻（第 5・6 号）pp. 77–92．

太子堂正称（2011 年）「ハイエクの福祉国家批判と理想的制度論―自由な市場秩序の前提条件」小峯敦編著『経済思想の中の貧困・福祉―近現代の日英における「経世済民」論』』ミネルヴァ書房．

柘植尚則（2009 年）『イギリスのモラリストたち』研究社．

西部忠（1996 年）『市場像の系譜学―「経済計算論争」をめぐるヴィジョン』東洋経済新報社．

パブ，ビール，ウィスキー

　パブという酒場の名は日本でもおなじみであるが，元来は Public House の略であり，酒類を提供するだけではなく，人々がそこに集まり談笑したり政治談議をしたり，ゲームやダンスなどのレクレーションを楽しむ場であった。内部はイギリスの階級社会を反映してホワイトカラー用とブルーカラー用の二つの入り口があるのがかつては普通であり，現在でも古いものにはそれが残っているものがある。時代がたつにつれてホワイトカラーの嗜好はクラブやカフェなどに移っていき，パブはまさに飲酒を主目的とする現在のような姿になった。夕方の早い時間から各パブは大賑わいであり，入りきれない人が外に溢れて楽しんでいる。

　パブでの飲み物はもちろんビールが主体であり，それもイギリス人は大陸型，ドイツ型の下面発酵によって醸造されるラガーよりも，上面発酵に基づく伝統的なエールを好む。また基本的には冷やしたほうが美味なラガーよりも，独特の香りやコクを豊富に持つエールはそれほど冷やしていない状況で出てくることも多い。適切な温度で供されたエールはたいへん美味しいが，最近はどこのパブにも冷やしたラガーも置いてある。キンキンに冷やした日本風のドライ型のビールも様々な場所で見かけるように嗜好の変化もあるようで，その点は筆者としては複雑な思いである。

　ビールのおつまみはフィッシュ＆チップスが有名であり，けして洗練された料理と言えないが，タラやオヒョウといった白身魚の揚げたての大きな塊を，これも揚げたてのポテトとともにヴィネガーをたっぷりかけながら頬張るのは楽しいものである。

　料理を売り物にするパブも増えつつある一方，多くのイギリス人は，おつまみなしでひたすらエールを飲んでいる。喉をグビグビ鳴らしながら飲むというより，グラスを片手にゆっくりと会話を楽しみながら飲む。注文の仕方も複数の時には，代表者がカウンターでまとめて全員分を注文し支払いの後でテーブルに持ち帰り，全員がなくなるとまた他の誰かが注文しに行き，それを人数分繰り返すのが普通である（「ラウンド」と呼ばれる）。

　パブとは上品な場所とは必ずしも言えないが（安全面はほぼ心配がないので御安心を），今でも「社交」の中心であり，イギリス人の生活と切り離せない。ビールが苦手な人には，飲みやすいりんご酒のサイダー（もともとこれを指す）やリキュールにフルーツやきゅうりなどを漬けた夏の風物詩であるピムス，ソフトドリンクなども置いてある。

　パブといえばウィスキーも忘れてはいけない。もともとスコットランド地方の特産であり「命の水」を意味するが，樽の中で長年熟成された香りはたいへん素晴らしい。本場のスコッチは麦芽を乾燥させるときに使う泥炭（ピート）の風味がなんともいえず，親しむとよりクセのあるものを求めるようになる。これもおつまみなしの場合も多いが，スモークサーンや燻製させたチーズなどが特に合う。まさに明日への活力である。

（太子堂正称）

第7章　第二次世界大戦後の労働者階級文化と
　　　　　　そのイデオロギー

近　藤　康　裕

1　はじめに

　第二次世界大戦が終わりを迎える 1945 年の総選挙で大勝利を収めて誕生した労働党政権による社会福祉政策は，「揺りかごから墓場まで」という言葉で表現される福祉国家のモデルとなった。この章では，労働党の勝利と福祉国家の成立によって，労働者階級が政治的主体になると同時に政治の対象にもなった時代のイデオロギーについて，文化の観点から考えてみたい。

　労働者階級出身の文学研究者リチャード・ホガート Richard Hoggart (1918–2014) が 1957 年に発表した『読み書き能力の効用』(*The Uses of Literacy*) は，作者自身の経験にもとづいて労働者階級の暮らしぶりを描きつつ，同時代の文化が労働者階級の文化に与えた影響に批評を加えるという構成で，60 年代以降イギリスで開花するカルチュラル・スタディーズの出発点となった作品のひとつである。以下では，『読み書き能力の効用』に焦点を当て，労働者階級への関心の高まりと福祉国家が築かれた土台とのイデオロギー的な関係を明らかにしていく。

2　「大衆文化（ポピュラー・カルチャー）」と「人びと」の文化

　『読み書き能力の効用』の「序」でホガートは，「大衆文化 (popular culture) についての本は，「人びと」(the people) が誰を意味するのかじゅうぶん明らかにしていないため，それが持っている力の幾分かを失ってしまっていることが多いと思う」と述べ，「だからこそわたしはそうした背景の設定を行なうことに努め，労働者階級に特徴的な諸関係と態度をできるかぎり描き出そうとしたのだ」と書いている (Hoggart, 2009, xxix)。「大衆文化 (popular culture)」とは，まさに「人びとの（ポピュラー）」文化の謂いであるが，この「人びと」が具体的に何を指しているのか明確でないことが，「人びとの文化」を論じる強みをそぐことになっているというのである。この本でホガートは，「人びと」(the people) が指すのは労働者階級であり，「人びとの文化」とは労働者階級の文化なのだと主張する。

　『読み書き能力の効用』の本編は，「今やイングランドには労働者階級は存在

しない。「無血革命」が起き，社会的な格差をだいぶ縮めたので，すでにわたしたちの大半はほぼ平らな地平に —下層中流から中流にかけての地平に— 住んでいるのだとしばしば言われる」という書き出しで始まる (Hoggart, 2009, p. 3)。この記述は，第二次世界大戦後に「無階級社会」の到来という言説が登場していたことを示している。しかし，労働者階級はもはや存在しないという雰囲気の時代に，なぜ注目が労働者階級に集まったのだろうか。福祉国家体制の確立にともない，労働者階級の人びとの可処分所得は上昇し，生活の水準が「下層中流から中流にかけての地平」に上がった層もいる。しかし，労働者階級が手にした経済的豊かさゆえに「無階級社会」となった結果として階級差への関心が薄れたというより，労働者階級に固有と思われる側面が強調されて，労働者階級を表象することとその文化に注目が集まるようになったのがこの時代なのである。

『読み書き能力の効用』の結びには，大衆文化が流通させる「画一化した国民的な型」とアメリカ的な「型」とによって「真正性の高い階級文化」が蝕まれることに対する不安が表されている (Hoggart, 2009, pp. 311–12)。ホガートはもともとこの本の題名を *The Abuse of Literacy* とするはずだったが，出版社から変更を求められて Abuse を Uses に変えた。しかし，大衆文化が「真正性の高い」労働者階級の文化を侵食することに対する作者自身の慨嘆の度合いを考えれば，Abuse のほうがそうした感情をより的確に表していると言える。というのも，『読み書き能力の効用』は，1944年教育法で中等教育の無償化が実現したことなどもあって，20世紀の半ばにはかなり高い水準にあったリテラシーが，マスメディアや大衆文化に濫用／虐待 (abuse) されていることへの批判の書だからである。ホガートが真正な労働者階級文化とみなすものは，アメリカ的な大衆文化でないのは無論のこと，「画一化した国民的な型」として表象されうるようなものでもないが，この時代には，労働者階級の文化がイギリス文化の「国民的な型」に包摂されつつあった。「画一化した国民的な型」の文化による「古い形の階級文化」の包摂が進む背景には，国民を労働者階級と同一視しようという思潮が流れている。政治的にも経済的にも従属性によって規定され，周縁化されてきた労働者階級の人びとが国民を表象／代表(リプリゼント)するものと認識されるようになることは歓迎されることであってもよいはずだが，なぜ『読み書き能力の効用』にはホガートの不安と不満が現れているのか。それを考えることが，この時代のイギリス文化と政治のイデオロギーを明らかにしていくことになる。

3 「人びと」のレトリックとそのイデオロギー

　1945年の総選挙では，戦時中のヒーローであり，挙国一致内閣を率いていたウィンストン・チャーチル Winston Churchill (1874–1965) の保守党ではなく，労働党が大勝利を収めて政権の座につき，保革のコンセンサスのもとで福祉国家体制が確立したが，これには，大戦中に人びとが国民として団結したことが大きく寄与したと言われている。歴史家エリック・ホブズボウム Eric Hobsbawm (1917–2012) は，反ファシズムの戦いが「社会的な闘争」でもあったことを指摘している (Hobsbawm, 1995, p. 147)。この戦いの「社会的」な側面とは，総力戦が不可避的に要請する計画的な生産，配給，労働という戦時社会主義を円滑に進めるべく，反ファシズムの大義のもとで国民が団結し協力し合ったことを指す。この意味で第二次世界大戦はまさしく「人びとの戦争」(People's War) であった。

　しかし，左右の協調は大戦中を通して安定していたわけではない。大戦間期から1940年代の前半にかけては，ファシズムとコミュニズムというふたつの極をめぐって政治が展開していたと言える。そこに，矛盾に満ちた連衡である「人民戦線」(Popular Front) が誕生した。1935年の第7回コミュニスト・インターナショナル大会で「共産党がポピュリスト路線に転換したときに現れた人民戦線」について述べるマイケル・デニング Michael Denning (1954–) は，「人民戦線」の誕生によって「「人びと」がこの時代の左翼文化の中心的なレトリックとなった。政治的，文化的な活動の想像上の根拠であり，イデオロギー闘争における修辞上の利害の核心であった。文化における戦線は自らを「人びとの文化」として想像した」と論じている (Denning, 1997, p. 124)。共産党は従来，社会民主主義政党をファシストと同一視し，連携を拒否していたが，ナチス・ドイツのソ連への侵攻の脅威が増すなかで，「人民戦線」という形で手を組む方向へと転換した。しかし，それは，いわゆるブルジョワジーとの連携も意味したし，スペイン市民戦争へのソ連の介入によるマルクス主義統一労働者党 (POUM) の弾圧に見られるような，反ファシズム運動を労働者による社会変革へとつなげようとする運動の抑圧も見られた。「人びと」がイデオロギー闘争を左右する修辞上の鍵を握ったにもかかわらず，ブルジョワジーへの奇妙な追従と労働者の運動の弾圧とに帰結した「人民戦線」の，事実上と修辞上の双方における矛盾が引き起こした問題は，戦時中もその後にも尾を引くことになる。

　ロバート・ヒューイソン Robert Hewison (1943–) は，「最初の転換点」であった1939年の独ソ不可侵条約の後のイギリスでは，「1941年にドイツがソ連に侵攻したので共産主義は再び合法化されたが，共産主義からの離脱は続い

た。(中略) 戦争が終結するとすぐに，反ソの話が俎上に載せられた」と書いている (Hewison, 1981, pp. 22–23)。労働者による社会変革の実践であるはずの共産主義の大義が，単にソ連という国家に利するものでしかないということが明らかになるにつれて，人びとのあいだに広まった「幻滅」は大きくなっていく。フランスやスペインにおける「人民戦線」がはらんだ矛盾と欺まんほどではないにしても，戦時中の保守党，労働党，自由党によるイギリスの挙国一致内閣にも同じことは当てはまる。第二次世界大戦中の挙国一致内閣は，反ナチという旗印のもとで可能になった団結に過ぎなかった。その一方で，1942 年にウィリアム・ベヴァリッジ William Beveridge (1879–1963) が提示した福祉国家の青写真の実現に期待が高まり，人びとは 1945 年にチャーチルの保守党ではなく労働党を選んだ。

　しかし，挙国一致内閣の矛盾と欺まんのくすぶりは，労働党政権の誕生によっても消しがたく残り，終戦とともに噴出したソ連への反発は，冷戦の始まりとともにイデオロギー的な裏付けを得ていくことになる。大戦間期から戦時中にかけて，ソ連を憧憬しつつ「人びと」のレトリックで国民的な団結を唱導していた知識人は，共産主義対資本主義という冷戦の対立構図のなかで，あからさまに資本主義を擁護するわけにもいかず，また，ソ連に与することもできなくなり，自らの立場をイデオロギー的に中立なものにしようとした。こうした知識人たちの，冷戦の対立構図から距離をおいたリベラリズムの求心力となったのが，「人びと」であった。「人びとの戦争」の団結意識が残っている 40 年代後半に，保革のコンセンサスによって「人びと」のための福祉国家の確立を目指すことは，それ以前から存在する「人びと」のレトリックを活かしながらも巧みにソ連や共産主義との連想を封じ込め，東西のイデオロギー対立からは自由な ―リベラルな― 国民統合のヴィジョンとして機能したのである。

　「人びと」のレトリックをこうした形で使うことは，福祉国家のようなナショナルな体制を確立する際のイデオロギー的な要請である。イギリスにおけるナショナリズム論の泰斗トム・ネアン Tom Nairn (1932–) は，「階級間の国民的な連衡の最もありふれた形は，近代国家の確立に携わった中流階級と大衆との間に存在する」と指摘し，イギリスにおいてそれは「近代化のブルジョワ革命ではなく，そうした革命の保守的な封じ込めと融和に基礎をおいた社会的な連衡」の形をとったと述べている (Nairn, 1977, p. 38)。革命の「封じ込め」というのは，反ファシズム運動が労働者による社会変革につながることを抑え込もうとした「人民戦線」の戦略と同じである。こうした「封じ込め」の結果，「戦後の労働党によるいわゆる「社会革命」は国民的な再生にはつながらず，(中略) 退行と経済の停滞と社会の衰退と文化的絶望へと至った」(Nairn, 1977,

p. 51)とネアンが説明する，20世紀後半のイギリス社会の危機が生まれた。経済的な停滞は「英国病」と呼ばれ，「文化的絶望」の芽は，本章の後半で見るように，レイモンド・ウィリアムズ Raymond Williams (1921–1988) が 50 年代の後半にすでにホガートとの関連で問題視することになる事態に萌し始めていた。冷戦下のイギリスにおける「封じ込め」は，「人びと」のレトリックによる労働者階級の包摂の形をとったのである。

4 「人びと」への人類学的視線と労働者階級

「人びと」のレトリックは，これまで見てきたように，戦争における国民や政党の一致団結に寄与し，戦後には福祉国家体制の確立を支え，ナショナルなレベルで機能するイデオロギーの核となった。このようなレトリックが可能となった歴史的背景をイギリス帝国の衰退に見るジェド・エスティ Jed Esty (1967–) は，ペリー・アンダソン Perry Anderson (1938–) の「人類学的回帰／再転回」(anthropological returns) という概念を参照しながら，1930 年代以降 60 年代に至るイギリス文化の特徴を論じている (Esty, 2004, p. 175)。産業資本主義の発展によって都市化，工業化が進み，イギリス本国の農村の有機的共同体が失われていくなか，喪失された共同体の全体性は植民地の原始的共同体に投影された。20 世紀に入ってイギリスの帝国としての衰退が進み，植民地の他者に全体性を投影する地盤が揺らいでくると，それまで外の原始的共同体に向けられていた「人類学的」視線が国内の共同体に向けられるようになる。その国内の共同体こそ，「人類学的」視線の所有者たる支配階層にとっての他者，すなわち労働者階級なのであった。

エスティは『読み書き能力の効用』について，「ホガートは巧みで，労働者階級を表象することの問題に敏感であるにもかかわらず，彼の民族誌はエキゾティシズムによって形成されている」と指摘する (Esty, 2004, p. 189)。労働者階級出身のホガートが労働者階級の暮らしに「エキゾティシズム」を見出すということはありえないから，ホガートによる労働者階級の描写に「エキゾティシズム」を見たのは支配階層 ―イデオロギー的安定のためにナショナルな全体性を「人びと」のレトリックに準拠させようとした階層― であり，そうした階層の支配的な言説に合わせるようにホガートも書いたのである。有機体的な共同体性を今もなお保っていると想定された労働者階級に，福祉国家の土台となる全体性のモデルを見出しながら，同時に福祉国家の確立によって無階級社会が到来したと言い募ることで，支配階層と労働者階級との間に歴然と存在する格差を隠蔽する。こうしたイデオロギー的な操作を裏書きしてしまうような態度が，ホガートの記述にはあるのではないか。

ステファン・コリーニ Stefan Collini（1953–）は，産業革命後の工業化により社会の大きな変容を経験してきた「イングランドの状態」を論じる文化的伝統に『読み書き能力の効用』が属しており，「この本が支持する価値観は産業資本主義の状態の内部で育まれたものであると認識されていた。（中略）ホガート自身の立ち位置は〔そうであるにしては〕歴史性を欠き，政治性を欠き，理論を欠いた説明であって，むしろ個人的かつ道徳的，なかんずくその感化と焦点において，より文学的であった」と評している（Collini, 2008, p. 52, 強調原文）。『読み書き能力の効用』の「価値観」が「産業資本主義の状態の内部で育まれたもの」であるというのは，20世紀における労働者階級の描写が資本主義社会の変化を歴史的にたどることと不可分であることを意味する。にもかかわらずホガートの描写は，歴史性と政治性と理論の点で「産業資本主義の状態の内部で育まれたもの」を表現するには不足があるのだ。レイモンド・ウィリアムズ Raymond Williams の論考「労働者階級文化」（"Working Class Culture"）は，コリーニが指摘する不足の帰結としてどのような問題が生じるのかを示唆している。

　　労働者階級の暮らしの政治的な効果は，家族と近所の根っこにある愛情と忠実さの産物であり，これらが労働者階級の暮らしの直接的な実質を作り上げている。リチャード・ホガートはこのことをきわめて知的に，雄弁に描き出した。しかしながら，ホガートは線引きを行なって，その片側にこれらのものをおき，より広範な社会的産物である労働運動をもう片方の側において，後者をマイノリティの仕事であるとみなしている点で誤っている。（Williams, 1957, p. 31）

　ホガートがいきいきと描き出した人びとの「愛情と忠実さ」に満ちた共同体のありようは疑いなく労働者階級の「暮らしの実質」を形成しているが，ホガートはこうした側面と労働運動との間に「線引き」をして，後者を「マイノリティ」の活動の範疇にくくってしまった。工業化のなかで人びとがよりよい暮らしを求めて行なってきた労働運動を労働者階級の「暮らしの実質」と切り離すことは，「産業資本主義の状態の内部で育まれたもの」であるはずの労働者たちの活動を切り離すことに他ならないから，コリーニの指摘するように，歴史性と政治性とが損なわれざるをえなくなるのだ。
　このことは同時に，労働者階級の「愛情と忠実さ」にあふれる共同体性を脱政治化し，支配階層の「人類学的」視線のロマン化された対象にしてしまうことになる。ウィリアムズは「小説と書く人びと（"Fiction and the Writing

Public")」と題した『読み書き能力の効用』の書評で、この本はリーヴィス (Q. D. Leavis, 1906–1981) の有名な『小説と読む大衆』(*Fiction and the Reading Public*) に比すべき本だと述べているが (Williams, 1957, pp. 422–23)、リーヴィスは自らの方法論を「人類学的」(anthropological) と呼び、「今できる全てのことは、知によって武装した意識の高いマイノリティによる抵抗の形をとることであり、このことが認識されるべきなのだ」と書いて (Leavis, 1965, p. 270)、読書の大衆化がもたらす堕落に対して「意識の高いマイノリティ」による防衛が必要だという「少数派文化」論を展開した。ホガートが労働運動をマイノリティのなすこととして囲い込んだことで、『読み書き能力の効用』はこうした「少数派文化」論と同じ図式にはまってしまう。労働者階級文化を「少数派」のものとして表現することはホガートの意図したこととは相容れないはずだが、彼の筆致は図らずも支配階層のロマン化された視線を裏書きしさえするような「少数派文化」論の陥穽を回避できなかった。

　こうしたホガートの姿勢の帰結として、「愛情と忠実さ」に満ちた共同体で育まれる文化が真正な労働者階級文化であり、大衆文化はそのような真正な文化を侵食する低劣なものに過ぎないとする「線引き」がなされるのである。フランシス・ムルハーン Francis Mulhern (1952–) は、ホガートとウィリアムズ双方の仕事に触れながら、「ホガートの誤りは、労働者階級の運動を「マイノリティ」の事例として例外化し、その結果として特殊化された階級の代表者たちの文化を、社会的に特異なものという地位に格下げしてしまった点にある」と指摘しながら、こうしたマイノリティこそが実際には「民主主義、労働組合、社会主義を求めた闘いの歴史一般 —「労働者階級の伝統の粋」— を受け継ぎ、維持してきた」のだと主張し、「ウィリアムズは単にホガートの分析のバランスを調整しようとしただけではなく、ホガートの分析の基本をなす用語やその枠となっている二項対立をつき崩し、リベラルな文化批評の感受性の仕組みを越えてものを見る、オルタナティヴな方法の可能性を示そうとしたのだ」と述べている (Mulhern, 1996, p. 31)。ホガートの用いた「真正」な労働者階級文化と大衆文化の二項対立は、「リベラルな文化批評」を行なう支配階層の「人類学的」視線を逆説的にも強化してしまうことになった。ウィリアムズは書評のなかで、ホガートが陥った「少数派文化」論の問題の在り処をもうひとつの「二項対立」—「個人的」と「社会的」— のうちに指摘し、労働者階級文化を描く「オルタナティヴな方法」を示そうとする。

　　ホガートの叙述は（中略）間違ったやり方で個人的である（間違った、というのは、一般的な話として叙述されているからだ）。（中略）さらにはそこ

で示されている問題には社会的に説明されうるものもあり，他方，明らかに語の十全な意味において個人的なものもあって，後者がしっかりと敬意をもって読まれるためには，完全に個別化された実証を必要とする。本のなかでこうした叙述に出合うと，ホガートが小説ないしは自伝にするか社会学にするかで逡巡しているのが伝わってくる。社会学的な方法は，明らかにこれと近いような問題を扱ったときには機能していたが，いったん多種多様な個別的反応をともなう問題が焦点になると，機能しなくなってしまう。このようなときにわたしは，ホガートが自伝か小説を書けばよかったのにと思ってしまうのだ。(Williams, 1957, p. 427)

　ホガート自身の体験に深く根ざした叙述は必然的に「個人的」な傾向を示すが，ホガートはそれを労働者階級に「一般的な話として」提示した。それは「間違ったやり方」であるとウィリアムズが言うのは，ホガートの一般化には「多種多様な個別的反応をともなう問題」を一般論に還元するような傾向が見られるからである。階級というのは集合的な範疇だが，同じ労働者階級でも暮らしぶりは多様であり，ある特定の個人の経験を一般化することによっては，「多種多様な個別的反応をともなう問題」が「敬意をもって読まれる」よう個別的に描写できないのも当然である。さらに，「少数派文化」論の陥穽にはまってしまったホガートの方法では，真正な労働者階級の暮らしを送る人と労働運動に携わる人との間に「線引き」がなされてしまっているから，個別の事例を一般化すれば，そうした分断それ自体も一般化してしまうことになり，「愛情と忠実さ」にあふれる共同体の生活を基礎とする人びとと，産業資本主義に対峙して闘う人びととが同じ労働者階級であると言えなくなってしまいかねない。いかなる「個人的」なものも「社会的」な諸関係に規定されるし，「社会的」なものは「個人的な」反応と経験の複雑な関係に存するのだから，「社会的に説明されうるもの」と「個人的なもの」とを分断することなく，個の経験を描くことを通して労働者階級の暮らしぶりを表現しようとすれば，どうすることが望ましいのか。この問いに対するウィリアムズの答えを，次の最終節で探ってみよう。

5　「線引き」を超えた文化論へ

　『読み書き能力の効用』と同じころ，ウィリアムズは重要な論文「リアリズムと現代小説」("Realism and the Contemporary Novel") を発表した。そこでは，ウィリアムズがホガートの叙述の問題点として指摘していた「個人的」なものと「社会的」なものとの齟齬が，小説におけるリアリズムの問題として論じられている。こうした齟齬により「意識には危険なギャップが生じるが，

実際これが現在のリアリズムの危機なのだ」と述べるウィリアムズは,「必要とされる調整は実に膨大で,最も困難な種類の統合が不可欠である。実際に,この統合というのは,わたしがリアリズム小説を特徴づけるものとして説明したような類の個々人の感情と生のあり方の全体とを回復することだ」と論じる (Williams, 1958, pp. 24-25)。これを,前節で見た『読み書き能力の効用』をめぐる批判と照らし合わせれば,ホガートの抱えた困難は,描く対象が「社会的」なものと「個人的」なものとの間で齟齬を来たし,ウィリアムズが最良のリアリズム小説の特徴と考える「個々人の感情と生のあり方の全体」を描き切れていないということにある。ホガートが描く労働者階級の暮らしぶりは「個人的」経験に基づいているが,「間違ったやり方で個人的」であるがゆえに「個々人の感情」をじゅうぶんに描くことができないし,社会運動をマイノリティの活動として囲い込んで労働者階級内部での「線引き」を行なったため,労働者階級の「生のあり方の全体」を示すこともできない。この事態を,ウィリアムズは現実を描くことの困難,すなわち「リアリズムの危機」と表現したのである。

「個人的」なものと「社会的」なものとの齟齬が問題となるのは,『読み書き能力の効用』が議論の的になった時代のイデオロギー,すなわち福祉国家体制の確立を支えたナショナルな全体性に関わるイデオロギーが,そうした齟齬と関係しているからだ。20世紀のマスメディアの発達とナショナリズムの関係についてホブズボウムは,メディアによって「大衆をめぐるイデオロギーが標準化,均質化されると同時に変容もした」と指摘し,「ナショナル・シンボルとして有効に機能するものをあらゆる個人の生の一部とし,個人的で局所的な領域と公的でナショナルな領域との区別をなくしてしまうマスメディアの能力」に着目している (Hobsbawm, 1995, pp. 141-42)。「大衆をめぐるイデオロギー」とは,「人類学的」視線を労働者階級に向けることによって,そうした「人びと」をナショナルな全体性の拠り所として仮構するイデオロギーである。ナショナルなレベルで「標準化」や「均質化」をもたらす「大衆文化」が労働者階級の文化を侵食することに警鐘を鳴らしたホガートは,こうしたナショナリズムのイデオロギーに抵抗しているように思える。しかし,すでに見たように,ホガートは「真正」な労働者階級文化を措定して「大衆文化」に対置することで支配階層の「人類学的」視線を裏書きし,そのイデオロギーを強化してしまっていた。このようなホガートの苦境が,徴候的に,『読み書き能力の効用』における「個人的」なものと「社会的」なものとの齟齬となって現れたのである。

『読み書き能力の効用』を評価しつつもホガートの姿勢に批判的であったウィリアムズは,労働者階級を描くホガートの「線引き」の問題点を指摘しながら,

「労働者階級文化」と題した論考において次のように述べる。

> そのように線引きしようとする姿勢は，歴史と文化を，連続する変化と反応のプロセスとしてではなく，機械的な相互関係によって決定される単純かつ杓子定規の時代区分に分割可能な問題として考えることから生じてくる。社会主義に基づく社会が必要とするのは，文化を前もって定義することではない。定式を想定するのではなく，生活がその具体的な豊かさと多様性をもって絶えず展開してゆくことに対し，人間の精神が十全に反応する機会を持つことができるよう，水路の流れをよくすることなのである。
> (Williams, 1957, p. 30)

　コリーニが指摘していた『読み書き能力の効用』の歴史性と政治性の薄弱さは，歴史と文化を「連続する変化と反応のプロセス」としてではなく，「単純かつ杓子定規」にとらえることに起因する。資本主義の進展にともなって変容する労働者階級のありようは一概に定義できるものではないし，工業化に対する人びとの反応は労働運動という形をとって歴史と文化を形成してきたのだから，労働運動と切り離すことで真正の労働者階級文化を定義づけるような姿勢は，労働者階級の人びとが「具体的な豊かさと多様性をもって絶えず展開」してきた活動の歴史性と政治性を軽んじることになるのである。
　フレドリック・ジェイムソン Fredric Jameson (1934–) は，「大衆文化」と「高尚な文化 (high culture)」との区別が「資本主義下の美的な生産において生じる分断の不可避の形式」なのであり，「後期資本主義の歴史的に固有な影響」とは，集団を「分解，断片化したり，成員を個別化することによって，〔集団を〕孤立した等価な私的個人の単なる塊にしたりすること」だと述べる。そして，それゆえ「大衆」なるものはもはや存在しないと主張する (Jameson, 2000, p. 129)。資本主義のもとでの「断片化」や「個別化」に抗おうとして「労働者階級文化」を有機体的共同性に特徴づけられるものと定義したり，資本主義の悪影響を体現しているとして「大衆文化」を攻撃したりすることは，「人びと」の多様性を軽視し，「真正」な文化と「大衆文化」との間に「分断」をもたらして，資本主義の影響を反復することに終始する。「大衆」なるものはもはや存在しないとジェイムソンが言うのは，人びとが「孤立した等価な私的個人の単なる塊」とされてしまうことは資本主義社会の事実であり，その「塊」を「大衆」あるいは「マス」と呼んだところで，それに対置されるべき，資本主義の影響を免れた存在などはありえないということである。資本主義の現実を受けとめつつ，個々人の生の「具体的な豊かさと多様性」と人びとの「生のあり方

の全体」とを「統合」するという困難な作業 ―ウィリアムズが「リアリズムと現代小説」で述べていたリアリズム小説の特徴の回復の作業― が「水路の流れをよくする」ために求められる。こうすることなしに、福祉国家が目指すべき理想としての「社会主義に基づく社会」は可能にならないのである。

『読み書き能力の効用』についてウィリアムズが書いた書評の題は「小説と書く人びと」であった。これがリーヴィスの『小説と読む大衆』のもじりであることは明らかだが、議論をここまでたどれば、このように題したウィリアムズの意図もまた明らかだろう。ホガートは、商業的に大量に流通する雑誌や小説を人びとが消費すること ―すなわち「読む」こと― で、「大衆文化」による労働者階級文化の侵食が進むと論じたが、出回る作品を「読む」だけの受け身の存在として人びとを捉える姿勢こそが、そうした受け身の大衆と真正な文化を守るマイノリティとの間の「線引き」や「分断」をもたらす要因であるとウィリアムズは考えた。読むという行為は、言葉を通して現実に対峙する個人の反応であり、人びとの「生活がその具体的な豊かさと多様性をもって絶えず展開してゆくこと」の一部でもあるという点で、決して受け身であるだけの行為ではない。「豊かさと多様性」のこうした「展開」の一部をなす言葉とのかかわりの能動性を、ウィリアムズは、「読む」を「書く」という動詞に転換することで示そうとした。それゆえ、ウィリアムズが「個人的」なものと「社会的」なものとの「統合」のモデルとしたリアリズム小説は、だれか特定の作家の作品なのではなく、人びとが言葉を使った日々の営みを通して「書く」ことのできるものである。「読む」から「書く」へのこうした認識の転換が、イデオロギーによって見えにくくされている労働者階級の文化をめぐる問題を明らかにし、「人びと」をめぐる議論の「流れをよくする」ことになる。

ホガートが労働者階級の文化と大衆文化を分断せず、いずれも人びとが能動的に「書く」ことで生み出される文化であると捉え、『読み書き能力の効用』をウィリアムズが論ずる意味での「リアリズム小説」として書くことができていれば、『読み書き能力の効用』は「社会主義に基づく社会」の実現へ向けて、歴史的にも政治的にもその「効用」をもっと発揮できたに違いない。

参考文献

Collini, Stefan (2008), "Richard Hoggart: Literary Criticism and Cultural Decline in Twentieth-Century Britain." Sue Owen (ed.), *Richard Hoggart and Cultural Studies*. Basingstoke: Macmillan, 33–56.

Denning, Michael (1997), *The Cultural Front: The Laboring of American Culture in the Twentieth Century*. London: Verso.

Esty, Jed (2004), *A Shrinking Island: Modernism and National Culture in England*. Princeton: Princeton UP.
Hewison, Robert (1981), *In Anger: Culture in the Cold War 1945–60*. London: Weidenfeld.
Hobsbawm, Eric J. (1995), *Nations and Nationalism since 1780: Programme, Myth, Reality*. Cambridge: Cambridge UP.
Hoggart, Richard (2009), *The Uses of Literacy: Aspects of Working-Class Life*. Harmondsworth: Penguin.
Jameson, Fredric (2000), "Reification and Utopia in Mass Culture." *The Jameson Reader*. Michael Hardt and Kathi Weeks (eds.), Oxford: Blackwell, 123–48.
Leavis, Q. D. (1965), *Fiction and the Reading Public*. London: Chatto.
Mulhern, Francis (1996), "A Welfare Culture?: Hoggart and Williams in the Fifties." *Radical Philosophy* 77: 26–37.
Nairn, Tom (1977), *The Break-Up of Britain: Crisis and Neo-Nationalism*. London: NLB.
Williams, Raymond (1957), "Fiction and the Writing Public." *Essays in Criticism* 7: 422–28.
do. (1958) "Realism and the Contemporary Novel." *Universities and Left Review* 4: 22–25.
do. (1957) "Working Class Culture." *Universities and Left Review* 2: 29–32.

小説と近代

『源氏物語』を持つ日本には平安時代から小説がある — こういう言い方をわたしたちはふつうにするから、小説は近代の産物だと言うと驚かれるかもしれない。イギリスにおける小説の勃興についての最も有力な議論のひとつを提示したイアン・ワットは、新たなジャンルとしての「小説(ノヴェル)」の誕生を18世紀に位置づけ（novelには「新しい」という意味もある）、名誉革命後の市民社会の確立にともない、中産階級が擡頭して個人主義が浸透し、アディソンやスティールらに代表されるジャーナリズムが力を持ち始めたことが、小説の勃興を条件づけたと論じる。神話的な物語の型や因習的な修辞技法から自由な散文で、個人の生きざまを活写するという文学のあり方は新しく、これが今日わたしたちの言う「小説」の定義に最も近い。イギリス近代小説の嚆矢とされるデフォーの『ロビンソン・クルーソー』やリチャードソンの『パミラ』、フィールディングの『トム・ジョーンズ』などは、個人としての主人公が、時代と社会に翻弄されつつ生きる姿をいきいきと描き出している。

小説と近代をめぐっては、近代を特徴づける国民国家(ネイション・ステイト)についてのベネディクト・アンダソンの議論が重要である。わたしたちは、距離的に近い隣国で起きた大惨事より、距離は遠くても日本国内で起きた災害のほうに強い共感を抱くが、これは、国民というものが「想像の共同体」だからである。こうした共同体の想像的性質を表しているのが、18世紀に勃興した新聞と小説なのだ。同じ日付の新聞を読み、同時的にニュースを共有する同国民。夏目漱石が新聞に連載された小説によって国民的大作家となったことや、NHKの連続テレビ「小説」が、北海道から沖縄まで、朝8時の国民的イベントであり、そのストーリーが日本人の多くによって共有されるニュースになったりすることを考えればイメージがつかみやすいだろうか。これと同じように、小説に登場するさまざまな人物たちが、お互い別の空間で別々のことをしていても — 人物たちがお互い同時にしていることを知らなくても — 同じ時間に生じる出来事が相互に関係しあって物語空間を形成していることを読者は認識できる。こうした読者の想像力と「想像の共同体」を可能にするものは相似である。このように、小説は歴史に規定されている。グローバル化が進む現在、通信技術の著しい発展とともに、人びとが認識できる時空間は大きく広がり、「想像の共同体」も変容している。そのなかで小説はどう変わるのか — とりわけグローバル言語である英語で書かれた小説の変遷をたどることは、刺激的な歴史的探求となるはずだ。

（近藤康裕）

第8章 戦後レスターの多民族統合とアフリカン・カリビアン
　　　　―エルヴィの「語り」から見えてくる世界―

佐　藤　清　隆

1　はじめに

　2001年の国勢調査によれば，多民族国家イギリスは，全人口約5900万人のうち，ホワイト（移民も含む）を除くエスニック・マイノリティは約460万人で，全人口の7.9％を占め，そのほぼ半数は南アジア系である。宗教では，ムスリム約160万人，ヒンドゥー約56万人，シク約34万人である（佐藤，2014）。そして，こうした「宗教的エスニシィ」とでも呼べる移民たちが，数多くの宗教施設を建設し，これまでになく社会の「表舞台」に登場してきている。とくに超大型のモスク，ヒンドゥー寺院，シク寺院は，イギリスの都市景観そのものを大きく変え，「ブリテンの新しい大聖堂」とまで呼ばれている（Peach & Gale, 2003）。このことは，国王（女王）の位置づけが「イギリス国教会の守護者」から「あらゆる宗教の守護者」へと「変貌」を遂げつつあることとも連動し，イギリス国教会を中心に「宗教」が統合原理として，新たな重要性を持つようになっていることを意味する。このように，現代のイギリスは，「マルチ・エスニック・ブリテン」とともに「マルチ・フェイス・ブリテン」としての特徴も強く有するようになってきている。

　筆者の主要な関心は，こうした戦後イギリスの多民族化・多宗教化の進展に伴って起こってきている「多民族・多宗教統合と共生の問題」を，多民族都市レスターを事例として，筆者のインタビュー実践による「個人の語り」を手掛かりに，その可能性やそこに潜む問題を考察してみようとするところにある。

　2001年時点で全人口約28万人を数えるレスターには，数多くの南アジア系，ブラック系，ホワイト系住民が居住し，その年の国勢調査ではエスニック・マイノリティが101,182人で，全体の36.1％を占めるに至っている。そのうち，インド系住民は72,033人で，全体の25.7％も占めている（佐藤，2014）。そして，レスターの主要な特徴のひとつは，このようなインド系住民がレスター社会のなかで政治・経済・社会・文化など多方面にわたって活躍し，この都市の発展に多大な貢献してきていると見なされている点である。このことは，レスターが「民族・宗教間の関係がうまくいっている稀有な都市」として，国内外から「好評判」を獲得していることとも関連している（*Guardian*, 2001; *Inter-*

national Herald Tribute, 2001）。そして，この「好評判」は，「多様性」を尊重し，民族・宗教間の「寛容」と「調和」をうたうレスターの多文化主義政策の下で，地元のメディア，政治家，宗教指導者などによっても繰り返し主張されている。

　しかし，レスターには，こうしたインド系住民だけでなく，マイノリティながら，さまざまな移民たちも居住し，レスターの一構成要素をなしている。そして，彼らも新たに自らの文化やアイデンティティを再構築し，レスターの多民族・多宗教統合や共生とも深くかかわりながら暮らしている。それゆえ，レスターの「好評判」に目を奪われることなく，こうしたマイノリティの歴史にも目を向け，そこから多民族都市レスターの歴史を再考してみる必要があろう。本稿でアフリカン・カリビアン［以下カリビアンと略記］を取り上げるのは，こうした理由からである。

　レスターのカリビアン人口は，2001年で4,610人（イギリス生まれを含む），全人口の1.7%である（佐藤清隆 2014）。筆者が注目するのは，彼らの「語り」である。今を生きる彼らは，自分たちのライフストーリーや戦後レスターの歴史をどのように語るのであろうか。こうした点に注目するのは，マイノリティ一人ひとりが語る具体的な生活経験に根差した「語り」に耳を傾けていくことが，戦後レスターの歴史や「多民族・多宗教統合と共生」の問題を再考していく上で，多くの貴重な示唆を与えてくれると考えるからである。本稿は，この点を踏まえて，「レスター・カリビアン・カーニヴァル」（以下LCCと略記）の初代委員長を務めたカリビアン女性のエルヴィが語るライフストーリーを紹介し，そこから先に述べた問題を再考する手掛かりを得ようとする試みである。

　本章では，以下の順序で議論を進めていく。まず第2節では，レスターにおけるカリビアンの歴史，エルヴィとの出会いとインタビュー，エルヴィの語るプロフィールについて概観する。続いて第3節では，エルヴィの「語り」の内容を三点に絞って紹介し，第4節では，エルヴィの「語りのかたち」とその背景・立ち位置について検討する。そして，「おわりに」では，先に述べた問題を再考する上で，エルヴィの「語り」からどのような手掛かりが得られるか，彼女の「語り」から見えてこない問題にも触れながら述べることにしたい。

2　レスターにおける在英カリビアンの歴史とエルヴィ
1）レスターにおけるカリビアンの歴史

　2001年の国勢調査によれば，カリビアンはイギリス全人口約5900万人中，約57万人（1.0%）である。また，イングランド全体のカリビアン約56万1千人のうち，最も多いのが「ロンドン」地域の34万4千人で，61.2%も占めて

いる。カリビアン人口の割合が10％を超えている都市は，いずれもロンドン近郊のレヴィシャム，ランベス，ブレント，ハックニーである。レスターは最上位から31番目である（佐藤清隆 2014）。

　イギリスでは，第二次世界大戦が始まると，戦闘員増強の必要から戦時経済における労働力需要が起こり，英軍や軍需工場で働く志願者をカリブ海諸島からも募るようになる。また，戦後の40年代後半，50年代には，サーヴィス部門や半熟練工に大きく依存していた産業部門で厳しい労働力不足が発生する。その一方，カリブ海諸島では，高い失業率，過剰人口，経済不況などが進行していた。そうした状況下で，カリビアンは英企業の積極的な求人キャンペーンにも刺激されて，イギリスに渡ってくるのである。レスターへの移民のほとんどは戦後のことである。

　彼らの出身地は，ジャマイカ，ブリティッシュ・ガイアナ，モントセラト，トリニダード・トバゴ，アンティグア・バーブーダ，セントキッツ（クリストファー）・ネイビス連邦，バルバドスなどの英領カリブ海諸島である。レスターのカリビアンは，1951年には僅かに56人だったが，71年には2,920人まで増える。その後，91年には2,120人（0.8％）まで減少したが，2001年には4,610人にまで増加している。

　彼らカリビアンは，ホワイト系や南アジア系移民の場合と同様，家賃が安く，工場が近くにある「インナー・シティ」，なかでもとりわけ移民の多いハイフィールズ地区にテラス・ハウスを借りて住むようになる。そして，その後は，居住分布にある程度分散傾向を示すものの，相変わらず彼らの多くはこの地区に住み続け，彼らのコミュニティを形成するのである。1970年代前半には，レスタシャ州当局やレスター市当局の財政的援助を得て，「ハイフィールズ・コミュニティ・センター」（以下HCCと略記）を，その後別の場所に「ハイフィールズ・ワークショップ・センター」（後に「アフリカン・カリビアン・センター」[以下AACと略記]と改称）をオープンしている。その一方，毎年8月第一週目の土曜に開催されるLCCは，1985年から始まっている。

　彼らのアイデンティティや文化的伝統を守る上で重要な役割を果たしているのが，彼ら自身が独自につくりあげてきたさまざまな政治組織やスポーツ・クラブ（たとえば，クリケットやフットボール）などである。それらに加え，イギリス国教会，ローマ・カトリック，メソジスト，バプテスト，セブンスデー・アドベンチストなど，さまざまな宗派のキリスト教会やラスタファリアンの集いも，彼らが集う「場」の一つになっている（Chessum, 2000; 佐藤清隆 2003, 2014）。

2) エルヴィとの出会いとインタビュー

筆者は，すでに 20 人（45 回）を超えるカリビアンとインタビューを実施してきているが，エルヴィもその一人である。彼女には 2007 年 8 月，中学校の元校長の紹介で会い，インタビューをはじめた。彼女が 72 歳のときである。最初の 3 回は AAC で，残りの 2 回は彼女の息子が経営するレストランで実施した。07 年～10 年まで計 5 回（約 4 時間）である。本章はこれらのインタビューを基にしている。筆者の質問は，①彼女のライフストーリー，②カリビアン・コミュニティの歴史，③多民族都市レスターや宗教教育などに関する彼女の意見，である。彼女はいつもそれほど長い返答をしなかったので，2 回目以降は，1 回目の情報を踏まえつつ，筆者がもっと詳しく知りたいことを聞くようにした。その後，2010 年には，彼女の協力を得て，彼女のライフストーリーを『記憶と語り』シリーズの一冊として刊行した（Sato, 2010）。

3) エルヴィの語るプロフィール

エルヴィは，1935 年 7 月，カリブ海の小さな島ネイビスに生まれ，3 歳から地元のメソジスト系の学校へ通い，その後 16 歳から教員補助を務めた。58 年 8 月に渡英し，バーミンガムの病院で看護婦として働き始めるが，そこで人種差別を経験する。さらに 61 年，ネイビスの隣の島セントキッツ出身の男性と結婚し，その年にレスターへ移転する。彼女は工場などで働き，その後料理を学んでシェフ兼料理教師になった。その一方，レスターでも人種差別を経験するが，60 年代後半からカリビアンの組織化や施設の創設，『ちびくろサンボ』の本撤廃運動などにも深くかかわっていく。その後，81 年に「暴動」が起こる。そのことがきっかけで，カーニヴァルがスタートするのである。1 年間の準備期間を経て，85 年から LCC を開催し，彼女は 18 年ものあいだ委員長を務める。しかし，2001 年に夫の病のためその職を退くのである。彼女は，2000 年にはジャマイカ系の新聞社から賞を授与され，翌年にはレスター大学から名誉法学修士号が授与されている。なお，彼女は，レスターに移転してからもメソジスト教会へ通い続けている（Elvy, 2007–10）。

3　エルヴィの「語り」とその内容

インタビューのなかで「私」に語ったエルヴィの「語り」は多岐にわたるが，以下，三点に絞って彼女の「語り」の内容を紹介する。

1) 「マザー・カントリー」への期待と失望

まず一つ目は，渡英以前の「マザー・カントリー」への期待と渡英後の人種

差別による失望が，彼女の苦い経験をもとに語られている点である。私たちは，ネイビスで教師からブリテンを「マザー・カントリー」と教わり，そこには多くの働き口があるので，渡英してくるように勧められた。彼らはいつも大英帝国を，そしてブリテンを称賛していた。しかし，私たちがここへ来たとき，その現実は彼らの話とは違っていた。私たちを歓迎してくれると思っていたのに，そうではなかった。私たちを待っていたのは人種差別であった，と。

　彼女は，バーミンガムの病院で患者から受けたその経験をこう語る。患者のほとんどは傷痍軍人で，その多くは「意地悪な人たち」だった。彼らは，あるときは私たちの黒い手を彼らの身体から放すように言い，またあるときは，私たちがアフリカでは「木の上に暮らしていたのか」，「私たちには尻尾が生えているのか」，知りたがったのだ。また，彼らは，私たちの顔をさすって，その黒い肌の色が取れるかどうか確かめようとした。私たちを「泥」のように扱った。婦長は皆ホワイトで，私たちが患者から侮辱されてもそれをまったく理解しなかった。私たちには不満の言える相手などいなかったのだ，と。そして，「故郷へ帰りたくても，帰れなかった自分の切ない思い」を吐露するのである（Elvy, 2007-8）。

２）　ブラック・アイデンティティとカリビアンの組織化

　二つ目は，エルヴィらが「受け入れ」社会からの人種差別によって，「孤独」と同時にホワイトに「恐れ」を感じるようになり，そのことで自分たちのブラック・アイデンティティを意識するようになったこと，そしてそのことがカリビアンの組織をつくっていくきっかけになった点を，「奴隷制」の記憶や「肌の色」の違いの「語り」などとともに述べている点である。

　結婚して1961年にレスターに来ても，彼女は，なかなか住まいを見つけることができなかった。空き家でも，そのドアには「アイルランド人，非ホワイト系，犬お断り」と書いた貼り紙がしてあったからである。彼女らは，人種差別のために，容赦なく自分たちのブラック・アイデンティティを意識せざるを得なくなる。そして，その後自分たちの組織をつくり，子供のために土曜学校をオープンするのである。さらに，彼女らはハイフィールズ地区に「コミュニティ・センター」を創設してくれるようレスター市当局に働きかけをしていったのである。他に，彼女は仲間とともに，『ちびくろサンボ』の本を，レスタシャ州当局と交渉して，図書館や学校から撤去させる運動にもかかわったのである（Elvy, 2007-8）。

　エルヴィは「奴隷制」の記憶をこう語る。一つは，12，13歳の頃，ネイビス島で経験したあるホワイト女性の話である。エルヴィの母親と親しくしていた

大所領をもつホワイト女性が，ヘリコプターで母親の店に来て，氷を求めたことがあった。そのとき，母親はその女性に店にあった氷をすべて与えたのだ。そんなことをすると，地元民には，氷の入っていない飲み物を販売することになるのに。それを見ていたエルヴィは，母親のその行為に疑問を抱き，あるときそのことを母親に尋ねたのだった。彼女は，「もしお前が100年前に生まれていたら，彼らはお前を射殺しただろうよ」と答えたのである。そのとき以来，エルヴィは何かが間違っていると考えるようになったのである (Elvy, 2008)。

もう一つは，ネイビス島にいるときに教えられて歌った「ルール，ブリタニア」の「統べよ。ブリタニア！ 大海原を統治せよ。ブリトンの民は断じて奴隷とはならじ」というセリフの矛盾を渡英後気づいた話である。私たちは，自分たちが奴隷制の下にあったとき，「ブリトンの民は断じて奴隷とはならじ」と歌っていたのか，と。なぜなら，ネイビス島にいる頃，奴隷について知っていても，自分たち自身が奴隷だと考えたことがなかったからである。このことがあってから，彼女は，自分たちの歴史，つまりブラック・ヒストリーを，そして奴隷解放の歴史を学ぶ必要性を痛感するようになるのである (Elvy, 2009)。

3) 1981年の「暴動」とレスター・カリビアン・カーニヴァル

三つ目が，LCCの開始に関する「語り」である。1984年9月，LCCの準備委員会が発足し，翌年1985年8月3日（土）に第1回のカーニヴァルが開催された [Programme, 1985]。その初代委員長に就任したエルヴィによれば，その目的は，1833年の奴隷制廃止150周年を祝うことだったが，その直接のきっかけは1981年の「暴動」であった [Scarman,1981]。この「暴動」によって，エルヴィらは，自分たちの子供がおかれていた厳しい現実に気づいたのである。彼女はこう語る。

> 「1981年の『暴動』以降，環境が徐々に変わり始めたわ。私たちの子供たちは，学校ではうまくいっていなかったのよ。彼らは勉強ができなかったわ。ここは私たちが育ったネイビスとはまったく違っていたの。私たちはここへ来たとき，教師を信頼していたのよ。教師の一部が人種差別主義者とは知らずに。［私たちは］ここの教師もカリブ海諸島の教師と同じだと考えていたのよ。『人種差別主義者』という言葉は，私たちの語彙にはなかったわ。ここでは子供たちの教育がよくないと分かったのよ。第一に，子供が学校から帰ったとき彼らが学校でどんな扱いを受けたか不満げに語ったのに，私たちは教師を信頼していたので，子供の言うことに耳を傾けなかったの。第二に，私たちの子供たちは，ブラックの歴史を何も教え

られていなかったのよ。…1981年に『暴動』が起こって，私たちは子供たちに何が起こっているか気づくようになったのよ。…私たちは何かをしなければならなかったわ。」(Elvy, 2008–10)

エルヴィのこの「語り」は，レスターの地元紙『レスター・マーキュリー』(1981年7月12〜14日付) 紙がレスターで起こった1981年の「暴動」を人種暴動でないと，ことさら強調しているのとは大きく異なっている。この「暴動」の特徴をどのように解釈するにせよ，彼女らは，そのことがきっかけで自分たちの子供がおかれていた厳しい現実に気づき，その打開策のひとつとしてカーニヴァルをスタートしたのである。この点は見落とすべきではないであろう。

LCC開催の目的の具体的な中身は，ほぼ次の二つである。一つ目はブラックの子供たちへの教育の必要性である。「奴隷制やその解放の歴史 (『私たち』の歴史)」と「音楽」をセットにして，「ブラックもホワイトと同じく善良で，その違いは『肌の色』だけであることを教えること」だったのである。二つ目は，このカーニヴァルを通して，ブラックの歴史を自分たちの子供だけでなく，レスターの他の住民にも伝えることであった (Elvy, 2007)。

しかし，その後のカーニヴァル開催の準備過程は，容易ではなかった。最初，レスタシャ州当局はカーニヴァル開催を支援してくれたが，レスター市当局も事業家も銀行もほとんど支援をしてくれなかったのだ。彼らは私たちを「何もできない」「浪費家」と見做していたのである。だから，エルヴィらは「そうでないことを見せなければならなった」のである (Elvy, 2007)。

その一方で，1984年9月9日に，このカーニヴァル開催のための委員会が組織された。最初のメンバーは23人である (Programme, 1985)。彼女らにとって，こうしたイヴェントの開催は初めてで，「何の道案内もない」なか，他の組織の協力も必要だったのである。たとえば，そのために，レスタシャ州議会議員1人 (後にレスター市議会委員1人も参加)，教育委員会から1人，警察官1人がそのメンバーに加わっている (Elvy, 2007)。

1970年代後半以降，レスターでは多文化主義政策が展開され，1983年にヒンドゥーなどの祭り「ディワーリー」が，1986年にはシク教の祭り「バイサキ」(佐藤清隆 2005) がスタートするが，このカーニヴァルもその政策の援助の下に始まったことは，レスター市からの資金的援助はなかったものの，この開催にあたりレスター市長が挨拶していることからも明らかである。しかし，カリビアン・サイドでカーニヴァルを担ったエルヴィが語るライフストーリーを通して見るとき，通常のレスターの多文化主義政策の展開からは見えてこない人種差別の歴史やカリビアンたちの苦悩・試練，そしてそうした厳しい現実

のなかでも「レスター市民」として「多民族共生」のために努力をする彼女らの姿が浮かび上がってくるのである。このLCCの開催は，当初から「レスターの多民族統合」のためのイヴェントとして始まったとはいえ，レスターで劣勢におかれてきたマイノリティのカリビアン・サイドからする「多民族共生」に向けた「カーニヴァル」開催だったのである。

　こうして，LCCはエルヴィらの努力や他の組織の協力を得ながら，レスター市の祭りの一つとして始まり，その後，紆余曲折を経るにせよ，徐々に「定着」していったのである。

4　エルヴィの「語りのかたち」とその背景・立ち位置

　エルヴィの「語り」の内容紹介に続いて，次に彼女の三つの「語りのかたち」とその背景・立ち位置について考えてみたい。

1）　エルヴィの「語るかたち」

　その一つは，渡英後，人種差別を受けたときについて語る，「彼らは私たちのことを何も知らなかったのよ」という言い回しである。これは，彼女の「マザー・カントリー」を語ることとも関連している。「もし私たちがどこかへ出かけ，濡れていて寒そうにしていたら，だれかが私たちが嬉しがる暖かい飲み物で迎えてくれるわ。だれも私たちを迎えてくれないとき，それはよくないわ。だから，私たちはイギリスが嫌いだったのよ。」（Elvy, 2008）と。

　このように，彼女は「世間の常識」を語り，そこからイギリスの「私たちを迎えてくれない」異常を批判するのである。しかし，彼女は，「1958年当時，彼らは私たちについて何も知らなかったのよ。…多くの人種的偏見があったわ。」（Elvy, 2007–8）とも語るのである。

　彼女の「語り」にみられるのは，一方で，「受け入れ」社会からの人種差別を語り，自分たちがイギリスを「嫌いだった」と語りながら，他方では，彼らは私たちのことを何も知らなかった，だから私たちを差別したのである，もし知っていたらそうはしなかっただろうという，「受け入れ」社会に対する気配りにも似た言い回しである。彼女は，こうした表現をインタビューのなかで何度も用いている。

　二つ目は，子供たちの教育と「肌の色」を語ることにかかわっている。彼女は，自分たちの子供に教えたことを次のように語るのである。「私は彼ら［子供たち］に礼儀，そして自分たちがしてもらいたいように人を敬いしてあげるように教えたわ。しかし，彼らが自分のために立ち上がらなければならないことも。…彼らが委縮しないようにも。」また，「私たちがホワイトと同じく善良で

あることを子供たちに理解させなければならなかったわ。ホワイトとの違いをつくっているのは肌の色だけだという事実を子供たちに教えこまなければならなかったのよ。」(Elvy, 2008) と。

このように，彼女は，一方では，「肌の色」や偏見が自分たちへの人種差別を生み出してきたことを指摘しながら，他方では，自分の子供たちにブラックの歴史を教え，そのなかで彼らもホワイトと同じく「礼儀」正しく，「善良」なのであって，違いは「肌の色」だけであることを強調する。そして，人を敬い，萎縮せず，ポシティヴであることの重要性を説くのである。

三つ目は，エルヴィの「人種差別」を語る「過去」と「現在」との違いや変化に関してである。彼女はこう語る。「1961年には，私たちはとても恐れを感じていたので，行きたくないところがいくつかあったわ。皆が私たちを見ていたのよ。いま，それはまったく違っている。それはよくなったわ。『多様性』，『結合』，『多文化主義』もいいわ。…英政府は差別［を撤廃するため］の法を制定したので，状況がよくなってきたのよ。」(Elvy, 2007) と。

このように，エイヴィは，渡英後，経験した人種差別が，英政府による差別撤廃の法制定によって好転した点を指摘し，人種差別の「過去」との「連続」よりも「非連続」(好転) に力点をおいて語っている。ここには，最初の方で触れたレスターの「好評判」の言説とも交差する「集合的語り」が含まれている。この点については，後で触れることにしょう。

2) エルヴィの「語りのかたち」とその背景・立ち位置

それでは，エルヴィのこれらの「語りのかたち」には，彼女のどのような背景や立ち位置が影響を与えているのであろうか。その一つは，両親のしつけ，幼い頃から通ったメソジスト系学校での教育，イギリスでのメソジスト教会通いなどを通して，「礼儀が人間をつくる」ことを学んできたことである。これらの経験は，子供の教育において，「肌の色」以上に「礼儀」を重視する彼女の考え方にもつながっている。

二つ目は，すでに見たように，彼女が渡英後，人種差別を経験し，「受け入れ」社会に「恐れ」を抱くなかで，ブラック・アイデンティティの意識に目覚めたことである。そして，その後のカリビアンの組織化を始め，数多くのさまざまな運動にかかわっていったたことである。そのなかで，彼女はカリビアン指導者の一人として活躍し，これらの経験を通して，彼女なりの「語りのかたち」をつくりあげてきたのである。

三つ目は，エルヴィが18年間もLCCの初代委員長だったことである。このカーニヴァルが多文化的なイヴェントであるゆえに，彼女は，カリビアンだけ

でなく，他の宗教・エスニシティの指導者，レスタシャ州当局・レスター市当局のお偉方などとの付き合いを必要とし，そのなかでレスター市のカリビアン指導者の一人として振る舞う必要性があったのである。彼女の「語りのかたち」には，こうしたカリビアン指導者としての「立ち位置」や民族間における彼女の「緩衝」の役割が反映しているのである。「マザー・カントリー」への気配りや「過去」と「現在」との断絶の強調は，こうしたこととも関連していよう。

以上，これら三つのことを考慮に入れるなら，彼女の「語りのかたち」には，人種差別主義者とは異なるレヴィルの，「礼儀」を重視した対等な「多民族・多宗教の共生」に向けたメッセージを読み取ることができるであろう。

5　おわりに

最後に，戦後レスターの歴史や「多民族・多宗教統合と共生」の問題を再考する上で，これらのエルヴィの「語り」からどのような手掛かりが得られるか，彼女の「語り」から見えてこない問題にも触れながら述べ，結びとしたい。

その一つは，彼女の「語り」から見えてくる戦後レスターの歴史である。結論だけを述べれば，彼女には，渡英した1958年以降（レスターは1961年から）のイギリス史は，「恐れを感じる社会」から「恐れを感じることなく通りを歩くことができる社会」への変化として感じられていたということである。彼女がそう感じるのは，英政府による人種差別撤廃の法制定や多文化主義政策だけでなく，彼女自身が，渡英後の人種差別による失望にも関わらず，誇りを捨てずにカリビアンの組織化やLCCの開催などを通して，「カリビアン」として，「レスター市民」として自らもそこに身をおきながら努力してきたという思いがあるからであろう。しかし，彼女の「語り」では，自分たちとホワイト系，南アジア系，ブラック・アフリカン系移民との関係やともにLCCを担ってきた他の委員会メンバーの話はほとんど登場しない。

二つ目は，カリビアンたちの「集合的語り」についてである。彼女は，カリビアン指導者の一人として，カリビアンの組織化に尽力してきた。しかし，その行為は，イギリス社会でブラック・アイデンティティ，とりわけカリビアン・アイデンティティを再構築していくプロセスの一部でもあったという点である。そのために，彼女の「語り」からは，カリブ海諸島のカリビアンの「多様性」や組織化の運動にかかわっていかなかった他のカリビアンたちの「声」を聞くことは極めて難しい。しかし，一つ目のことも含めて，エルヴィには，立場上「私」に語ってよいことだけでなく，「私」に語っていけないことも数多くあったのだということを忘れてはならないであろう。筆者がそう述べるのは，『語りと記憶』シリーズを刊行後，エルヴィがどのようなことに気を配りながら，「私」

とのインタビューに応じてくれたか語ってくれたことがあったからである。

　三つ目は，レスターの「多民族・多宗教統合と共生」にかかわる問題で，先にふれたエルヴィが語る「現在」のレスターのイメージとも関連している。そのイメージは，一部の他のカリビアンからすれば，やや楽観的に映るかもしれない。なぜなら，筆者がインタビューをしたカリビアンの多くは，現在でも「制度化された人種差別」が存在していることを強調したからである。たとえば，1967年にアンティグア・バーブーダから渡英してきた男性は，「レスターの人びとは，調和のなかで生きているとは思わない。彼らは恐れのなかで生きているのだ。…制度化された人種差別が存在するなかで調和が生まれることはない。生まれるとしたら，それはどんな調和なのであろうか。」(Dennis, 2003) と語るのである。また，トリニダード生まれで，1968年に渡英してきた女性は，LCCを見たときの感想をこう語るのだ。「LCCはとてもいいわ。それを見に行ったことがあるわ。皆が一緒に楽しんでいて，ホワイトもたくさん参加していて，とてもよいと思ったわ。しかし，それはその時だけよ。だれでも家に帰ると，それを忘れるわ。…彼らの多くは，あなたの家に来ることはないわ。ホワイトはあなたの家には来ないのよ。」(Anne, 2004) と。彼女は，非日常のカーニヴァルと日常の暮らしとを区別して，その落差を指摘するのである。

　四つ目は，「肌の色」やキリスト教信仰と関連している。このトリニダード生まれの女性は，自分の経験をこう語る。「私の試練と苦難は看護婦として始まったのよ。私はいつも看護婦として抑圧されたわ。いつもトラブル・メーカーにされたのよ。ブラックの看護婦として，[とにかく]一所懸命働かなければならなかったわ。…あなたは彼らの肌の色が違っていることを忘れてはならないわ。私は，イングランドにいるあいだは2級市民なのよ。2級市民として生きるのは難しいわ。私はあなたにウソをつくつもりはないわ。私は正直ホワイトでありたいのよ。」(Anne, 2004) と。彼女の「語り」からは，エルヴィのような，「礼儀が人間をつくる」のであって，「違いは肌の色だけ」という言葉を聞くことはできない。しかし，彼女は続けてこうも語るのだ。「私はトリニダードで，カトリックの教育を受けてよかったわ。もしその教育を受け，教会へ行き，神に祈ることをしていなかったなら，私はイングランドのこの環境に我慢することはできなかったであろうから。」(Anne, 2004) と。

　本章では，これ以上これらの問題には立ち入らないが，今後，カリビアン指導者の一人であったエルヴィの「語り」だけでなく，こうしたことを語る他のカリビアンたちの「語り」にも耳を傾けていかなければならない。そのなかで，エルヴィの「語り」の相対化や彼女の「語り」と他のカリビアンたちの「語り」を紡ぐ行為も必要となってくるであろう。

(付記)
　本稿は，長谷川貴彦（編）「フォーラム　語りのかたち―パーソナル・ナラティヴの歴史学」（筆者担当部分）『西洋史学』（第251号，2013年12月）を改稿したもので，2013–15年度科学研究費補助金（基盤研究©課題番号90235333）助成による研究成果の一部である。

参考文献

[一次資料]
[Interviews]
　Elvy (13 August 2007; 5 August 2008; 13 August 2009; 13 July 2010).
　Dennis (13 August 2003; 14 March 2007; 3 November 2011).
　Anne (2 September 2004; 25 August 2010).
[Programme]
　The First Leicester Caribbean Carnival, Programme, 1985.
[Newspapers]
　The Guardian (1 January, 2001).
　International Herald Tribute (10–11 February, 2001).
　Leicester Mercury (12–14 August, 1981; 20 August, 2005).

[二次文献]
Brown, Cynthia, 'Immigrant Communities in Leicester', *Women's History Notebooks*, vol. 3: 2, 1996.
Byron, Margaret, *Post War Caribbean Migration to Britain*, Aldergate: Ashgate, 1994.
Cantle, Ted, *Community Cohesion: A New Framework for Race and Diversity*, Basingstoke: Palgrave Macmillan, 2005.
Chessum, Lorna, *From Immigrants to Ethnic Minority*, Aldershot: Ashgate, 2000.
Peach, Ceri & Gale, Richard, 'Muslims, Hindus and Sikhs in the New Religious Landscape of England', *The Geographical Review*, 93–4, 2003.
Sato, Kiyotaka (ed.), *Life Story of Mrs Elvy Morton: First Chair of the Leicester Caribbean Carnival*, Tokyo: Research Centre for the History of Religious and Cultural Diversity (Meiji University), 2010.
The Lord Scarman, *The Brixton Disorders 10–12 April 1981: Report of an Inquiry*, London: Her Majesty's Stationary Office, 1981.
Singh, Gurharpal, 'A City of Surprise: Urban Multiculturalism and the "Leicester Model"', in N. Ali, V. S. Kalra & S Sayyid (eds), *A Postcolonial People: South Asians in Britain*, London: Hurst & Company, 2006;
井野瀬久美恵（2010年）「帝国の逆襲　―ともに生きるために―　」（井野瀬久美恵編『イギリス文化史』昭和堂，所収)。
佐藤清隆（2003年）「多民族都市レスターの形成と発展　―南アジア系移民を中心に―　」(『駿台史学』第118号)。
同（2005年）「在英シク教徒の祭りと『記憶』―『バイサキ』と『カールサ』誕生の物語　―　」（佐藤清隆他編『西洋史の新地平』刀水書房)。

同（2014年）「多民族都市レスターのアフリカン・カリビアンたち」『明治大学人文科学研究所紀要』（第74冊）。
長谷川貴彦（編）（2013年）「フォーラム　語りのかたち ―パーソナル・ナラティヴの歴史学― 」（佐藤清隆担当部分）『西洋史学』第251号。

第9章　英国経済とEU

川　野　祐　司

1　はじめに

　英国とEU（欧州連合）との関係はネガティブな面で語られることが多い。英国はリベート制度やシェンゲン協定，ユーロへの非参加など独自の立場を採っている[1]。2004年にはEUは中東欧諸国など10カ国を迎えたが，英国にはポーランド人などが大量に流入し，彼らが英国人の職を奪っているといった議論が台頭した。2010年代には債務問題が大きくなり，EUによる南欧諸国などへの支援の混乱やその後の経済ガバナンスの強化は，EUへの信頼の低下とEUが英国の権限を奪いすぎるのではないかとの警戒を呼んでいる。

　2011年10月にはEUからの離脱を問う国民投票を実施すべきとの動議が下院で出されたが，この時には反対多数で否決された。しかし，英国でのEU懐疑論が収まることはなく，2014年6月の欧州議会選挙ではUKIP（英国独立党）が躍進し英国での第1党となった。2015年5月の総選挙では，キャメロン首相David Cameron（1966–）率いる保守党が大勝利を収めているように見えるが，UKIPは1議席しか獲得できなかったものの一定の得票率を確保している。EU離脱を問う国民投票の実施も次第に迫ってきている。

　もし英国がEUを離脱したとしても，EFTA（欧州自由貿易連合）に再び参加するが，EEA（欧州経済領域）には加わらないというオプションを採ることで，シェンゲン協定への非参加を貫きつつ，EUとの自由貿易を継続できる。金融や物流などの他の面でもEUと個別に協定や条約を結ぶことで，英国は自分の都合のよい分野だけEUとの自由な取引を行うことができる。経済分野に限ってみると，そして当面の期間に限ってみると，英国にとって大きな損失はないだろう。

　ここでEUの他の加盟国に目を向けてみよう。グローバリゼーションによる若年層を中心とする雇用減少，南欧などでの賃金低下，緊縮財政による年金や社会保障の削減，移民の急増などを背景にEU懐疑論を唱えるポピュリスト政党は左右を問わず支持を伸ばしてきている。それでもEUからの離脱が主要な議題になる加盟国は他にない。EUにとどまる利益がよく理解されているからであろう。英国もEUから恩恵を受けてはいるのだが，その認識が広く共有されていないという違いがあるのではないだろうか。

それでは，EU にとどまる利益とは何か。例えば，バーゲニングパワーの維持が挙げられる。新興国が経済成長を背景に国際舞台での発言力を増している中，5 億人の人口を抱える EU の一員である意味は大きい。また，EU はアメリカ（TTIP：環大西洋貿易投資連携協定），日本（日欧 EPA：経済連携協定）とも経済連携協定交渉を進めており，環境基準や会計基準などのルール作りでも世界をリードしている。英国が EU から離脱すれば，それらのルール作りの協議に参加できなくなってしまう。

　しかし本章で取り上げるのは，英国が問題視している EU の経済ガバナンスである。「通貨は統一したが財政はバラバラ」とよく評されるが，2010 年代に入って EU は経済ガバナンスを強化し，（少なくとも形式上は）加盟国が自由に経済政策を策定できないようになっている。EU は 2000 年代前半に改革を成し遂げたドイツの経験をベースに，広範な分野で加盟国に改革を促している。改革を実行したスペインなどでは，着実な経済成長が見られており，英国にとってのメリットも大きいはずである。

　次節では EU の経済ガバナンスとは何かを概説し，第 3 節で英国への勧告を取り上げる。これらの議論を踏まえて，第 4 節では英国はどうすべきか考えよう。なお本章の統計数字は，特に断りがない場合には英国統計局（Office for National Statistics）のものである。

2　EU の経済ガバナンス

　1992 年のマーストリヒト条約以降，EU は経済通貨同盟の完成を目指し，1999 年に統一通貨ユーロを導入した。ユーロに参加するためには収斂基準を満たす必要があり，財政赤字については単年度で GDP 比率 3％，累積で GDP 比率 60％ という基準が設けられ，財政赤字の削減が求められた[2]。単年度の財政赤字はユーロへの参加に関わらず全ての加盟国が守らなければならない基準でもあり，3 年連続で守れない加盟国に対して EU への預け金供託やその預け金没収などの罰則が科せられるはずであった。これを安定成長協定（SGP）という。

　過剰赤字手続きとは，EU によって財政赤字が多いと認定された加盟国に対する財政赤字削減プログラムである。決められた期限までに財政赤字を GDP 比率で 3％ まで削減しなければならず，その間も定期的に EU に対して財政赤字削減の進捗状況を報告しなければならない。

　次頁の表 9–1 をみてみると過剰赤字手続きは，エストニアとスウェーデンを除く 26 カ国に適用されたことがある。英国も 2000 年代末に財政赤字が急増し，現在は削減を進めているところである。財政赤字の削減方法は増税と歳出削減の 2 つの手段があるが，英国は十分なペースで財政赤字を削減できておらず，

表 9-1　過剰赤字手続き（EDP）の適用年

ベルギー	2010–2014
ブルガリア	2010–2012
チェコ	2004–2008，2009–2014
デンマーク	2010–2014
ドイツ	2002–2007，2009–2012
エストニア	
アイルランド	2009–2015
ギリシャ	2004–2007，2009–2016
スペイン	2009–2016
フランス	2003–2007，2009–2017
クロアチア	2013–2016
イタリア	2004，2005–2008，2009–2013
キプロス	2004–2006，2010–2016
ラトビア	2009–2013
リトアニア	2009–2013
ルクセンブルク	2010
ハンガリー	2004–2013
マルタ	2004–2007，2009–2012，2013–2014
オランダ	2002–2005，2010–2014
オーストリア	2009–2014
ポーランド	2004–2008，2009–2015
ポルトガル	2002，2005–2008，2009–2015
ルーマニア	2009–2013
スロベニア	2009–2015
スロバキア	2004–2008，2010–2014
フィンランド	2010–2013
スウェーデン	
英国	2005–2007，2008–2017

（出所）　EU ホームページ。ルクセンブルクは 2010 年に警告を受けたが財政赤字削減プログラムの発動までは至らなかった。

当初は2015年に終了するはずだった過剰赤字手続きを，2017年まで延長することになった。

このような仕組みがあるにもかかわらず，なぜ債務問題が発生したのであろうか。それは第一に，仕組みが機能しなかったためである。2009年にギリシアの統計の粉飾に端を発する債務危機が生じるまで，罰則が発動されたことはなかった。第二に，財政赤字は結果にすぎないということである。ギリシアは政情の不安定さから，選挙で支持を得るために公務員の定員増加などの放漫財政を続けた。スペインやアイルランドでは金利低下に伴いバブルが発生し，バブル崩壊への対策のために財政赤字が膨らんだ。ベルギーではたった2行の銀行の救済が財政赤字を大幅に膨らませた。これらの原因を抑え込まなければ財政赤字を削減することはできない。

これらの問題に対応するため，EUは新しい仕組みを相次いで導入した。第一の柱は安定成長協定の強化であり，第二の柱はEUによる加盟国経済の監視である。本節ではこれらの仕組みを経済ガバナンスと呼んで詳しく見ていこう。

1）安定成長協定の強化

政治的な理由で罰則が発動しなかったとはどういうことなのか。それは，EUの投票のシステムにある。EUでは特定多数決という方法が多くの場面で用いられる。特定多数決は分野や西暦年により詳細が異なる複雑な方法であるが，ここでは加盟国の過半数が賛成し，かつ賛成国の人口がEU全体の人口の約3分の2を超えなければならないというルールを取り上げる。このルールは，ドイツ，フランス，英国，イタリア，スペインなどの大国だけでは決定できず，マルタなどの小国の賛同も必要だというEU流の民主主義を体現している。小国が集まって人口の3分の1か国数で過半数を集めれば，ドイツ案を廃案にすることができる（これを阻止少数という）。2000年代までは財政赤字が続いている加盟国に対して，罰則を科すという案への賛成票を求めていた。この案に手を挙げるということは，罰則を科すという意思を明確にするものであり，（政治的な）心理的抵抗感がある。安定成長協定にはドイツやフランスも早くから抵触しており，これら大国が政治力を発揮して罰則案を阻止しやすかった。

2011年の6つの施策（six-pack）[3]という法改正で「逆特定多数決」が導入された。これは，罰則への反対票を求めるもので，反対票が人口比で3分の2かつ加盟国数の過半数を超えたときのみ罰則が回避されるというものである。罰則を阻止するための人口が2倍になっているため阻止しづらく，罰則に反対するためには手を挙げづらい。罰則への心理的抵抗感も和らぐため，罰則がより自動化されると考えられている。

EUは2012年3月に財政赤字の多いハンガリーに対し，補助金の凍結という形で罰則を発動させており（財政赤字の減少を受けて同年6月に撤回している），経済ガバナンスを機能させる意思を示している。
　英国は参加していないが，それ以外のEU加盟国の間では「経済通貨同盟における安定，協調，統治に関する条約（Treaty on Stability, Coordination and Governance of Economic and Monetary Union）」，いわゆる財政条約が結ばれ，2013年1月に発効している。この条約の中に財政協約（Fiscal Compact）という部分があり，加盟国は財政赤字を削減するというEUのルールを法制化しなければならない。財政赤字の規模についても，公務員への給与支払いなどの景気の影響を受けにくい部分については，GDP比率で0.5%の赤字にとどめなければならず，より厳しい基準となっている。これらの赤字に不況期の景気対策などを加えても，財政赤字はGDP比率の3%以下でなければならないという点はこれまでと同じである。財政赤字が増えないように，加盟国は3か年にわたる中期財政計画を策定し，EUの審査も受けなければならない。
　確かに徴税権は加盟国にあり，財政赤字がなければ加盟国が自由に歳出を決定できる。しかし，財政の自由度は大きく低下し，より完全な経済統合へ一歩進んだといえるだろう。

2）　経済の監視

　EUは欧州セメスターという仕組みを2011年に導入した。欧州セメスターは複雑な仕組みであるためここでは詳細は省略するが，EUが各加盟国の経済的な問題を指摘し，加盟国は改善レポートの提出と実行を求められる。加盟国の予算もEUの審査をクリアする必要がある。2015年は失業を減少させるための労働市場の柔軟性を確保，年金改革，社会保障制度の近代化，財・サービス市場の柔軟性向上，公的部門企業の投資条件の改善，研究とイノベーションの質の向上，行政の効率性向上の7つの課題を示している（European Commission, 2014）。
　欧州セメスターは，財政赤字を出させないという消極的な理由だけでなく，世界の他の地域との競争に打ち勝つための積極的な方策だととらえられている。EUは「欧州2020（Europe 2020）」という成長戦略を打ち出しており，2020年までに環境に配慮し，貧困や地方の問題を解決しつつ，経済成長を続けようという野心的な取り組みを続けている[4]。
　安定成長協定強化に伴う経済の監視は，経常収支がゼロ近辺にあること，海外投資が大幅な流出超過にならないこと，輸出が大幅に減らないこと，労働コストが急激に上昇しないこと，実質実効為替レートが大幅に変動しないこと，

民間部門の債務残高が大きくなりすぎないこと，民間部門の預金額が大幅に増えないこと，住宅価格が急上昇しないこと，累積の財政赤字がGDP比率の60%を超えないこと，失業率が大幅に上昇しないこと，国内全体の金融負債が急上昇しないことの11項目からなる。すべての項目には数値基準があり，ユーロ導入国に対してはより厳しい基準が設けられている項目もある。EUはこれらの数値基準を達成させるために，必要な改革を各加盟国に勧告する。英国もEUの経済ガバナンスには従わなければならない。次節では英国にどのような勧告があるのかより詳しく見ていくことにする。

3　EUから英国への勧告

EUから加盟国に出される勧告は次頁の表9–2のように，財政の健全化だけでなく金融市場や住宅市場，産業政策，労働市場政策，貧困対策など多岐にわたっている。英国は，財政問題や住宅市場，資金調達や労働市場政策で毎年のように勧告を受けている。その一方で，サービス部門の競争，研究開発，資源の効率化などの分野は一度も勧告を受けたことがなく，十分な対策が取られていると評価されている。2015年は項目数が減少したこともあるが，英国に対する勧告分野は減少している。

ここでは，これまでの勧告と執筆時点の最新の勧告（European Commission, 2015）から3つの分野を取り上げて詳しく見てみよう。

1）　付加価値税

付加価値税（VAT）は日本の消費税に相当する税であり，EUではVATの引き下げ競争を防ぐために加盟国のVAT最低税率を15%としている。軽減税率は2段階設けることが可能だが5%以上にしなければならない。ただし英国は0%の超軽減税率を設定する適用除外を持っている。

2015年現在，英国のVATの標準税率は20%であるが，食料品，書籍，医薬品，上水道，旅客輸送，新築住宅建設など幅広い品目にVAT 0%の超軽減税率が適用されている。国内の燃料やエネルギー，エネルギー節約製品，住宅のリノベーションなどにもVAT 5%の軽減税率が適用されている。軽減税率が適用されるかどうかはかなり複雑で，例えばビスケットは0%だが，チョコレートでコーティングされると20%になる。ただし，ヤッファーケーキ（Jaffa Cakes）は見た目がビスケットであるにもかかわらず，チョコレートケーキであるとの解釈から0%が適用される。他にも，シリアルは0%だがシリアルバーは20%，カフェスタンドなどでの持ち帰りサンドウィッチなどは0%だが，店で温めると20%のような細かい規定がある。

表9-2 欧州セメスターにおける英国への勧告分野

項目	2011	2012	2013	2014	2015
健全な財政	×	×	×	×	×
年金・医療制度					
財政の枠組み					
税制			×	×	×
銀行と資金調達	×	×	×	×	
住宅市場	×	×	×	×	×
ネットワーク産業			×	×	×
サービス部門の競争					
行政と洗練された規制			×		
研究開発とイノベーション					
資源の効率化					
労働市場への参加	×	×	×		×
積極的労働市場政策	×	×	×	×	
賃金決定制度					
労働市場の分断					
教育・訓練		×	×	×	
貧困・社会的包摂				×	×

(出所) European Commission, Country specific recommendations 各年，ジェトロ (2014) など各号より。×印は改善が必要な分野として指摘されたことを表す。項目は毎年少しずつ変わるが，最も項目数の多かった2014年のものに合わせて作成した。

2013-2014年にかけての英国のVAT税収は1203億ポンドであるが，軽減税率の適用によって435億ポンドの税収が失われたとしており，EUはVATの軽減税率の品目を少なくするように求めている。ただ，付加価値税には逆進性[5]があるため，税率の変更はしばしば政治問題になり，英国の対応は鈍い。

2) 労働市場

英国の18歳–24歳の失業率は2011年に20.3%のピークを付けた後，2015

年7月には14.1％まで低下している。それでも失業率の水準自体は高く，若年層の失業は重要な問題である。若年層が失業する理由の一つに，スキル不足が挙げられる。スキルは職業訓練や実際の就業経験を通じて高められていくものであるため，まずは労働市場に参加させることが必要となる。

英国はいくつかの対策を持っている。例えば「ワーク・プログラム」は長期の失業者や長期失業に陥るリスクのある人に対する就職支援であり，最長2年間までは補助金を受け取ることができる。補助金を受け取るためには就業を続けなければならず，若年層の就業定着を意図したものである。また，「ユース・コントラクト」は18–24歳の就労体験や雇用機会を提供するために企業に助成金を支払う仕組みであるが，EUはユース・コントラクトを堅持するように繰り返し勧告している。

これらの対策にも課題はあるものの，16歳–24歳で教育・雇用・職業訓練に従事していない，いわゆるニートは2011年第3四半期に16.9％のピークを付けた後，2015年第2四半期には12.7％まで減少しており，一定の成果を挙げている。

3) 住宅市場

2014年の新築住宅価格は平均24万7000ポンド（前年比+7.9％）であるが，地域差が大きい。英国12地域のうち，上位3地域は，ロンドン（39万8000ポンド，+18.1％），南東部（34万1000ポンド，+11.8％），東部（28万2000ポンド，+8.9％）であり，下位3地域は，北アイルランド（14万5000ポンド，+0.7％），北東部（17万ポンド，+1.8％），ヨークシャー・ハンバー（18万1000ポンド，+0.6％）である。ロンドンを中心に価格が高い地域ほど上昇率が高くなっており，地域差は拡大している。

多くの人々は住宅を担保にしたローンで購入するため，住宅価格が下落するとローンの繰り上げ返済を求められたり，銀行に不良債権が蓄積したりして経済に大きな負の影響を与える。大幅に上昇した住宅価格は不況期には逆に大幅に下落する傾向があるため，経済をより脆弱にする。EUも英国への勧告で57ページ中17ページを住宅市場に割いている。

住宅価格は需要面と供給面で決まるため，両面の対策が必要である。需要面では，住宅ローンの審査を厳しくしたり，投資用の住宅購入を抑制したりする方法がある。英国の中央銀行であるイングランド銀行は，2014年に住宅ローンの審査や貸し出し条件を厳しくしており，EUからも評価されている。供給面では，住宅建設を増やすことが重要で，賃貸物件を増やすことも効果的な対策となる。供給面の対策は用地取得や建設費高騰などで進んでおらず，EU，英国

政府ともに頭の痛い案件となっている。

　ここで取り上げた3つの分野に関して，EUはいくらか改善したとの評価を下している。その他の分野では，中小企業の資金調達環境の整備では大幅に改善，子供の貧困問題対策ではあまり改善していないとの評価を下している。

4　英国はどうすべきか

　EUは経済ガバナンスを強化する中，英国経済の構造的な問題点を指摘し改善を求めている。このような構造改革は市民の人気を得にくいものであるが，長期的な経済成長には欠かせない。ECB（2010）は財政再建の短期的なマイナス効果と長期的なプラス効果の境目は3年後と試算している。構造改革についてもECB（2014）は，労働市場や生産市場の改革の成果は1年目には小さいものの，年数が経つにつれて経済成長率を大きく伸ばすことを示している。改革の成果が出るまでの間，どのようにして市民を説得し続ければいいのだろうか。

　EUに加盟していれば，英国はEUの"せい"にしつつ財政再建や構造改革を進めることができる。外圧があるから仕方がないというのは消極的ではあるが効果的な言い訳になる。EUが指摘する改革が重要で意味のあるものだという認識は英国政府にもあるだろう。実際に，若年層の失業対策や中小企業の資金調達など成果を出しつつある分野も見られる。EUからの離脱はこのようなオプションを捨てることを意味し，市民に対して不人気な改革の必要性をどのように訴えるのかという課題を背負い込むことになる。

　経済危機以降，EUの対策は後手に回っているとの批判はあるが，EUはこの間にも欧州2020などの長期戦略を打ち出しており，加盟国やユーロ参加国を増やしている。EUの政策の実効性を感じている国が多いことの証左であろう。EUは英国に対して寛容であり様々なオプトアウトを認めているが，経済構造や経済政策に対する考え方の違いを認めているのである。EUにとどまることで英国経済の特徴が失われることはないだろう。

　そうであるならば，英国はEUに加盟し続け，EUへの不満を表明しない優等生であるべきだろうか。それに対する筆者の答えはノーである。EUは「多様性の中の統合（United in diversity）」という概念を重視している。EUでは加盟国がそれぞれ自分勝手に発言するために決定スピードが遅いと指摘されるが，多様な加盟国の意見を汲み上げて議論することで，よりよい結論を導き出そうとするプロセスには時間がかかるものである。英国からのEUへの不満も，EUのよりよい統合にとっては不可欠な存在である。例えば，農業補助金の削減を求める英国の提案は，EUを共通農業政策から地域政策へと舵を切らせており，中東欧諸国への支援に役立てられている。

英国にとって EU は必要であるが，EU にとっても英国は必要なのである。英国は EU から離脱すべきではなく，EU からのメリットを最大限引き出す戦略の構築に注力すべきである。

注

1) EU 予算の歳入の大部分は加盟国からの拠出金が占めている。歳出は低開発地域などへの地域政策支援と共通農業政策がそれぞれ 40% 以上を占めている。このうち，英国は地域政策支援からの給付があまり多くないとして，拠出の一部返還を求めており，これをリベート制度と呼ぶ。規模は小さいものの英国以外の加盟国にもリベートはある。シェンゲン協定は越境時の審査を廃止する協定であり，パスポートの提示が不要となる。EU 条約（現在はリスボン条約）により EU 加盟国はユーロの導入が義務付けられているが，英国とデンマークは適用除外（オプトアウトという）を受けておりユーロを導入する義務がない。

2) GDP（国内総生産）は経済規模を表す指標である。GDP の伸び率を経済成長率というが，景気の指標としても使われる。経済市場の国別比較の際には GDP 比率は良く用いられる。例えば，同じ 10 億ユーロの財政赤字を抱えている GDP が 100 億ユーロの国と 1000 億ユーロの国を比較しよう。財政赤字は，増税で解消できるが，GDP が大きい国ほど 10 億ユーロの増税を実施しやすく，財政赤字の負担は小さいといえる。そのため，財政赤字の実額ではなく GDP 比率が用いられる。ただし，景気が悪化して GDP が低下しているときには財政赤字の GDP 比率が上昇しやすく，財政改革の成果が見えにくくなるという欠点がある。

3) EU は法案を策定することができ，この法案には加盟国は従わなければならない。これらの法案を二次法というが，6 つの施策では，EU が作成した文書がそのまま全加盟国に法案として効力を持つ「規則」が 5 法案，内容は法的拘束力を持つが実施方法は加盟国に委ねられる「指令」が 1 法案セットになっている。2013 年にはユーロ参加国のみを対象とした 2 つの施策が策定され，ユーロ参加国はより厳しい監視を受けることとなった。

4) 欧州 2020 は，デジタル化の進展やイノベーションの発展を促す「賢い成長」，低炭素社会の実現など環境面の目標を掲げる「持続可能な成長」，労働市場への参加を促し貧困への対策を進める「包括的な成長」の 3 つの目標を掲げている。雇用率 75% 以上，研究開発費 GDP 比率 3% 以上，温室効果ガス 20% 以上削減，再生可能エネルギー比率 20% 以上，エネルギー効率 20% 以上向上，初等教育離学率 10% 以下，高等教育修了率 40% 以上，貧困リスクのある人々 2000 万人以上削減の数値目標を持ち，加盟国の進捗状況がモニターされている。ただし，英国は数値目標の設定を拒んでいる分野も多い。

5) 逆進性とは所得の低い人ほど税負担が重くなることをいう。1 週間に 828 ポンドの収入（2013 年の上位 20% の収入）がある人と 369 ポンド（下位 20%）の人を比べてみよう。上位 20% の人は一人当たり週に 283 ポンド，下位 20% の人は 182 ポンド消費する（2013 年のデータ）。消費全額に 20% の VAT がかかると上位 20% の収入に占める税負担率は 6.8%，下位 20% の人の負担率は 9.9% となり所得の低い人の方が税負担が重くなる。

参考文献

川野祐司（2009 年）「ヨーロッパ経済回復への道」拓殖大学海外事情研究所『海外事情』，2009 年 6 月号，pp. 40–56。

川野祐司（2012 年）「ユーロ導入の検証：ユーロは欧州の統合を進めたか」馬田啓一・木村福成編『国際経済の論点』文眞堂，pp. 171–184。

川野祐司（2014 年）「2014–2020 年の EU 中期予算と欧州 2020」季刊『国際貿易と投資』No. 96，国際貿易投資研究所，pp. 65–75。

ジェトロ（2014 年）『4 年目を迎えたヨーロピアン・セメスターの国別勧告の概要』。

鷲江義勝編（2009 年）『リスボン条約による欧州統合の新展開』ミネルヴァ書房。

ECB (2010), "The Effectiveness of Euro Area Fiscal Policies," *ECB Monthly Bulletin July 2010*, pp. 67–83.

ECB (2014), "The Macroeconomic Effects of Structural Reforms," *ECB Monthly Bulletin July 2014*, pp. 59–62.

European Commission (2014), *Annual Growth Survey 2015*, COM (2014) 902 final.

European Commission (2015), *Country Report United Kingdom 2015*, SWD (2015) 47 final.

イギリスの通貨

〈紙幣〉

私たちが旅行などでよく目にするイギリス紙幣はイングランド銀行券であり，5, 10, 20, 50 ポンドの 4 種類が発行されている。近年発行された紙幣は以下の通り。

額面	人物	有効期間
£5	George Stephenson	1990-2003
£5	Elizabeth Fry	2002-現在
£5	Sir Winston Churchill	2016-
£10	Charles Dickens	1992-2003
£10	Charles Darwin	2000-現在
£10	Jane Austen	2017-
£20	Michael Faraday	1991-2001
£20	Sir Edward Elgar	1999-2010
£20	Adam Smith	2007-現在
£50	Sir John Houblon	1994-2014
£50	Matthew Boulton and James Watt	2011-現在

有効期間が終わってしまった紙幣は，受け取ってくれる店舗もあるが，原則として使用できない。古い紙幣はロンドンのイングランド銀行で交換してもらえる。なお，住所が地下鉄 Bank 駅近くのスレッドニードル街であるため，イングランド銀行は「スレッドニードル街の老婦人」と呼ばれることもある。

2016 年下半期には 5 ポンド札，2017 年には 10 ポンド札が新たに発行されるが，ポリプロピレンという素材が使われるポリマー紙幣となる。紙に比べるとプラスチックのようにつるつるとした手触りになる。ポリマー紙幣は紙に比べて 2.5 倍以上長持ちし，汚れが付きにくく，湿気も寄せ付けない。製造には紙よりも高度な技術が必要なため，偽造紙幣を減らすことができる。新しい紙幣は従来の紙幣よりも約 15% 小さくなり，資源の節約にも役立つ。

イングランド銀行以外にもスコットランドでは Bank of Scotland, Clydesdale Bank, Royal Bank of Scotland の 3 行が，北アイルランドでは Bank of Ireland, Danske Bank, First Trust Bank, Ulster Bank の 4 行が紙幣を発行している。スコットランドでは，5, 10, 20, 50, 100 ポンドが発行されており，Royal Bank of Scotland だけが 1 ポンド札を発行している。北アイルランドでは，10, 20, 50, 100 ポンドが発行されており，Bank of Ireland と Ulster Bank が 5 ポンド札を発行している。

紙幣は銀行券と呼ばれるが，もともとは硬貨や債券など価値のあるものの預かり証だったため，銀行であれば独自の紙幣を発行できた。1844年のピール銀行条例でイングランド銀行のみが紙幣を発行できるようになったが，イングランドとウェールズでのみ有効で，他の2地域では独自紙幣が発行できた。最新の2009年銀行法の下でも，8種類の銀行券はイギリス全土で有効である。

〈ポンド硬貨〉
　イギリスの硬貨は1, 2, 5, 10, 20, 50ペンス，1, 2ポンドの8種類が流通しており，20ペンスと50ペンスは珍しい7角形をしている。このような10進法が採用されたのは1971年であり，それまでは様々な硬貨があった。
　1971年以前は，1ポンド＝20シリング＝240ペンスであった。7世紀のフランク王国で使われた1リーブラ＝20ソリドゥス＝240デナリウスを模したものといわれており，ポンドの記号£もリーブラが由来である。その他にもソブリン（20シリング），クラウン（5シリング），フローリン（2シリング），ファーズィング（4分の1ペンス），グロート（4ペンス），マーク（160ペンス），ギニー（21シリング）などの通貨単位があり，6ペンス，2分の1ペンス，4分の1ファーズィングなどの硬貨があり，複雑だった。これらの交換比率も時代や金価格などによって変動するが，ここでは一般的な比率を紹介した。なお，2分の1ペンス硬貨は1983年まで発行されていた。
　10進法採用によりイギリスの硬貨はシンプルになっただろうか。1ポンド硬貨は4つの地域から毎年のように新しいデザインのものが発行され，2013年末までに21種類に上っている。硬貨の縁にも7種類のラテン語の表記が刻印されている。また，50ペンスは1997年発行開始と比較的新しいが，1998年から2013年まで13種類の記念硬貨と2011年にはオリンピック記念として29種類のスポーツシリーズが発行されている。確かに額面はシンプルになったが，コレクターの苦労は増えているのではないだろうか。
　材質の変更も興味深い。1992年には銅価格の上昇を受けて，1ペンスと2ペンス硬貨が銅・亜鉛・スズの合金であるブロンズから，鉄に銅メッキを施したものに変更された。1998年にはメッキ能力の一時的な不足により2ペンスは銅メッキとブロンズの2種類が発行された。2011年にも国際的な銅価格の値上がりのため，10ペンスと20ペンスが銅とニッケルの合金である白銅からニッケルメッキに材質が変更された。銅やニッケルは磁石には付かないが，鉄にメッキしたものは磁石に付く。
　2008年には50ペンス以下の硬貨のデザインが一新され統一的になった。次の変更では1ポンド硬貨の重さを減らしてほしいものだ。

（川野祐司）

あ と が き

　おわりに，本書が刊行された経緯を簡単に紹介しておきたい。本書に収録された論文の多くは，東洋大学人間科学総合研究所の研究プロジェクト「資本主義とイギリスの近代―歴史，思想，文化の変容について―」(2012年～2015年，研究代表者　道重一郎) における共同研究のなかから生み出されたものである。
　このプロジェクトは，同研究所の研究員であった近藤裕子 (英文学)，太子堂正称 (思想史)，川野祐司 (国際経済学)，近藤康裕 (英文学)，道重 (社会経済史) をメンバーとして，専門の多様性を生かしながら近世から現代にいたる英国の特徴とその独自な性格を明らかにしようとしたものであった。途中からは英国近代史の赤松淳子 (文京学院大学外国語学部) が客員研究員として参加した。
　3年間にわたるプロジェクトでは，各参加者の報告と討議を通じて議論を深めていったが，同時に外部から講師を招いて研究会を開催し，より広い視野で様々なテーマを検討する機会をもった。今回原稿を寄せていただいた近世英国史の後藤はる美 (東洋大学文学部)，英国社会史の佐藤清隆 (明治大学文学部) の両氏も，プロジェクトの外部から報告者として参加していただいた方々である。
　プロジェクトが終了した2015年3月にその成果が最終報告書論集として公表されたが，その際に，より広い読者に向けて我々の研究成果を提供したいという希望が出され，論文集の公刊を予告しその準備を始めた。当初の予定では，それまでの原稿を修正し，より完成度の高いものとしたうえで2015年度末の刊行を目指していた。しかし，近藤康裕が東洋大学から慶應義塾大学へ移籍し，太子堂正称が在外研究のためロンドンへ2015年4月から旅立つなど，様々な事情があり，さらに編集を担当した道重の不手際などが重なって，刊行が大幅に遅れることになった。早くから原稿を提出していただいた方々に深くお詫びを申し上げる次第である。
　本書が，このような形で刊行できたのは，これまで研究プロジェクトに参加していただいた本書執筆者，また研究会へ参加し研究報告をしてくださった方々の協力の賜物である。ことに編集の一部も担っていただいた近藤裕子氏に感謝したい。
　同時に，本書の刊行を快く引き受けていただいた同学社社長近藤孝夫氏と編集の担当をお願いした蔀純氏には，様々なご迷惑をおかけした点をお詫びすると同時に，厚く感謝したいと思っている。

最後に，本書のもととなった研究プロジェクトを実施する機会を与えていただいた東洋大学にこの場をお借りして，感謝の意を表したい。本書が様々な，特に若い読者の手に渡り，英国のもつ様々な側面についての理解が深まることを期待している。

　2016 年 6 月

執筆者を代表して　道重　一郎

執筆者紹介
(執筆順)

道重　一郎　（みちしげ　いちろう）

東洋大学経済学部教授

主要業績：

「18世紀ロンドンの小売商と消費社会」『経営史学』43-1（2008年）。

「消費空間としての18世紀イギリス都市」中野忠，道重一郎，唐澤達之編『18世紀イギリスの都市空間を探る』刀水書房（2012年）。

後藤　はる美　（ごとう　はるみ）

東洋大学文学部専任講師

主要業績：

「17世紀イングランド北部における法廷と地域秩序――国教忌避者訴追をめぐって」『史学雑誌』第121編第10号，2012年，1～36頁。

「『考えられぬこと』が起きたとき――ステュアート朝三王国とイギリス革命」近藤和彦編『ヨーロッパ史講義』山川出版社，2015年，107～125頁。

近藤　裕子　（こんどう　ひろこ）

東洋大学経済学部教授

主要業績：

『詩を楽しむ ―東洋の詩・西洋の詩― 』三浦安子，近藤裕子　同学社　2008年。

「アルガロッティの『オペラ論』とフリードリヒ大王」『東洋大学人間科学総合研究所紀要』第13号（2011年3月）。

赤松　淳子　（あかまつ　じゅんこ）

文京学院大学外国語学部助教

主要業績：

「18世紀イングランドの離婚訴訟に関する弁護士の記録 ―ジョージ・リーとウィリアム・バレルのノート」『史潮』第73号，2013年。

'Revisiting Ecclesiastical Adultery Cases in Eighteenth-Century England', *Journal of Women's History*, vol. 28 no. 1, 2016（forthcoming）.

太子堂　正称　(たいしどう　まさや)

東洋大学経済学部准教授

主要業績：

「ハイエクと現代共和主義論」坂本達哉・長尾伸一編『徳・商業・文明社会』京都大学学術出版会，2015 年。

「嗜癖 —アディクションは非合理な行為なのか— 」橋本努編『現代の経済思想』勁草書房，2014 年。

近藤　康裕　(こんどう　やすひろ)

慶應義塾大学法学部准教授

主要業績：

『読むことの系譜学——ロレンス，ウィリアムズ，レッシング，ファウルズ』(単著，港の人，2014 年)。

『愛と戦いのイギリス文化史——1951–2010 年』(共著，慶應義塾大学出版会，2011 年)。

佐藤　清隆　(さとう　きよたか)

明治大学文学部教授

主要業績：

'Divisions among Sikh Communities in Britain and Role of Caste: A Case Study of Four Gurdwaras in Multi-Ethnic Leicester', *Journal of Punjab Studies*, vol. 19, no. 1, 2012.

Memory and Narrative Series 1〜8, Tokyo: Research Centre for the History of Religious and Cultural Diversity (Meiji University), 2010〜15［刀水書房ホームページ参照］。

川野　祐司　(かわの　ゆうじ)

東洋大学経済学部教授

主要業績：

「欧州における危機対策の金融政策—ユーロの金融政策が周辺諸国に及ぼした影響」『日本 EU 学会年報』第 35 号，pp. 226–250，2015 年。

「スウェーデンにおけるマイナス金利政策の意味」『ITI 調査研究シリーズ』No. 15，2015。

検印廃止

英国を知る

2016年10月1日 初版発行	定価 本体**2,600**円（税別）

編著者　道　重　一　郎
発行者　近　藤　孝　夫
印刷所　研究社印刷株式会社

発　行　所　株式会社 **同　学　社**

〒112-0005 東京都文京区水道1-10-7
電話 03-3816-7011　振替 00150-7-166920

(有) 井上製本所

ISBN 978–4–8102–0328–8　　Printed in Japan

許可なく複製・転載すること並びに
部分的にもコピーすることを禁じます。